외국어
잘 하는 법

지노 에이이치 지음 | **김수희** 옮김

목차

일러두기

1. 이 책의 일본어 표기는 국립국어원 외래어 표기법을 따르되, 최대한 본래 발음에 가깝게 표기하였다.

2. 일본 인명, 지명, 상호명은 최대한 일본어로 읽어주는 것을 원칙으로 하되, 극중에 처음 등장할 시에만 한자를 병기하였으며, 필요한 경우 옆에 주석을 달았다. 그 외 인명은 중요도에 따라 옆에 철자를 병기하였다.
   *인명
     예) 카렐 차페크Karel Čapek, 니시다 다이치로西田太一郎
   *지명
     예) 홋카이도北海道, 가나자와金沢
   *상호명
     예) 헤이본샤平凡社, 겐큐샤研究社

3. 어려운 용어는 한자 및 영자를 병기하였으며, 독자의 이해를 돕기 위해 보충 설명이 필요한 경우 주석을 달았다. 역자와 편집자가 단 주석은, 역자 주, 편집자 주로 표시하였으며, 나머지는 저자의 주석이다.
   *용어
     예) 양두구육羊頭狗肉, 신텍스syntax(통어법)
        W·v·훔볼트Humboldt(독일의 언어학자, 철학자, 외교관, 교육개혁가—역자 주)

4. 서적 제목은 겹낫표(『』)로 표시하였으며, 그 외 인용, 강조, 생각 등은 큰따옴표와 작은따옴표를 사용했다.
   *서적 제목
     예) 『나의 외국어私の外国語』, 『현대 일본어의 구조現代日本語の構造』

1

들어가며

외국어 습득에는
요령이 있다

어학은 질색——나의 확신

　나는 어학이 질색이다. 여실한 증거로 중학교 때에는 영어에 꾀를 부렸고 고등학교에서는 독일어 때문에 무척 고생했다. 그리고 가까스로 들어갔던 대학에서는 1년을 더 다녔음에도 불구하고 전공인 러시아어로 러시아문학을 만끽한다는 최고의 묘미를 결국 느껴본 적이 없다.

　주변 친구들을 살펴보면 중학교 시절부터 영어 소설을 줄줄 읽어간 녀석이 있는가 하면 눈 깜짝할 사이에 독일어를 마스터해서 어떻게 이런 구문을 이해할 수 있을까 싶은 긴 문장을 너무나 간단히 읽어나가더니 결국 철학과 교수가 된 녀석도 있다. 대학 시절에도 내가 키릴문자의 C는 알파벳 S와 같은 발음이라거나 R을 뒤집은 문자 Я이 있다는 사실에 깜짝 놀라고 있을 동안 레르몬토프Lermontov의 『우리 시대의 영웅』을 읽어낸 녀석이 있었던가 하면, 어디가 어떻게 연결되었는지 문장 구조를 생각하는 것이 고작인 나를 내팽개쳐 두고 푸슈킨Pushkin의 『오네긴Onegin』이 좋다는 둥, 『청동의 기사』가 어떻다는 둥 대논쟁을 전개하는 친구들도 있었다.

　어찌된 일인지 그 후 언어학을 공부할 처지에 놓여 다른 대학에 갔지만 거기서는 한층 더 비참해질 뿐이었다. 불어로 읽게 된 옐름슬레우Louis Hjelmslev의 『프롤레고메나Prolegomena』 따위는 뭐가 뭔지 도무지 알 수 없었고 에라스무스Erasmus의 『우신예찬』 시험은 라틴어 사전과 문법서를 지참할 수 있는 오픈테스트였음에도 불구하고 전혀 손을 댈 수 없었다. 서양 언어뿐만이 아니다. 『운경韻鏡』(중국어 음운의 음절표) 수업은 지금 무엇을 하고 있는지조차 파악할 수 없었다.

게다가 나를 절망스럽게 만들 정도로 굉장한 선생님들이 계셨다. 고대 그리스어 선생님인 줄 알았던 분이 300페이지나 되는 러시아어 책을 3일 만에 독파하시고는 "있잖나, 186페이지의 예문, 이상하지 않나? 자네 생각은 어떤가?"라고 말씀하셔서, 죽을 힘을 다해 그 책을 읽는데 한달은 족히 걸렸고 가까스로 다 읽고 나서 선생님을 찾아뵈었더니 "아, 그거… 이쪽이 더 재미있어"하며 다른 책을 내미시는 것이었다. 또한 고전어를 전공하시고 '고대 교회 슬라브어'를 가르쳐주셨던 선생님이 계셨는데 정작 엽서는 폴란드어로 보내주셨던 적이 있다. 실로 할 말이 없었다. 그저 놀라 눈이 휘둥그레질 뿐이었다.

그 이후에도 주변 선생님들이나 친구들을 볼 때마다 재능이 있는 사람은 역시 다른 법이라며 감탄을 금할 수 없었고, 동시에 나란 사람이 어학에 참으로 취약하다는 것을 확신하게 되었다.

몇 개 국어나 마스터한 사람들은

물론 나도 아무것도 안 하고 그냥 바라보고만 있었던 것은 아니다. 어학을 훌륭하게 잘한다는 사람들의 전기를 읽거나 선생님들의 이야기를 들어가며 어학능력 향상에 대한 힌트를 얻고자 노력했다. 그래서 슐리만Schliemann의 『고대에 대한 열정』은 애독서 중 하나가 되었고 슐리만이 계속해서 외국어를 습득해나가는 부분은 특히 거듭거듭 읽었다. 세상에는 여러 외국어들을 쉽사리 마스터하는 사람들이 있는데 나는 어느 언어 하나 자유롭게 구사할 수 없어서 애가 탔지만, 그래도 그런 멋진 사람들의 이야기를 읽는 것은 쾌감을 느끼게 해주었다. 그런 까닭에 여러 나라의 언어에 능통하다는 사람의 이야기를 탐욕스럽게 읽었다. 예를 들어 동양문고東洋文庫(헤이본샤平凡社판)에 들어가 있는 방베리Vámbéry의『페르시아 방랑기』도 그러한 책들 중 하나다.

지금 와서 되돌아보면 외국어에 능통한 사람들 사이에는 몇 가지 공통적인 특징이 있었다. 많은 언어를 습득한 사람들이 꼭 지켜야 하는 룰이 있다는 사실을 어렴풋이 눈치챘지만 당시로서는 그것이 무엇인지 알 수 없었다. 폴리그롯polyglot(다언어사용자)의 전기에는 많은 언어를 습득할 수 있는 힌트가 담겨 있었는데 내가 그것을 알아차리지 못했던 것이다. 그러나 그 힌트에 대해 스스로가 알아차리고 나서는 전기 속의 인물들도 그것을 철저하게 준수하고 있었다는 사실을 깨달았다. 즉 힌트가 올바르다는 것을 보증해준 셈이다. 그 힌트란 과연 무엇인지, 나는 이 책에서 말하고자 한다.

재능의 차이, 습득 방법

당연한 말이지만 외국어를 잘 하는 요령에 대해 고민한 사람이 내가 처음은 아니었다. 내가 이러한 책을 쓰고자 했던 계기이자 나를 굳건히 지탱해주었던 것은 어느 날 읽은 책 안에서 보았던 다음과 같은 주장이었다.

'대다수 사람들이 평생 동안 한 가지 혹은 두 가지 외국어를 긴 시간에 걸쳐 배우는데, 그럼에도 불구하고 외국어를 완벽하게 구사하기란 실질적으로 불가능합니다. 그러나 한편에서는 설령 전체의 1%에도 채 미치지 못한다 해도 네, 다섯 가지 혹은 그 이상의 언어로 읽거나 말할 수 있고 더욱이 다른 외국어도 너무나 간단히 배우는 사람들이 있습니다. 이런 현실에 대해 무슨 영문인지 생각해보신 적은 없으신지요? 도대체 이것은 어찌 된 일일까요. 아마도 재능 때문이라고 말씀하시겠지요. 그러나 그렇지 않습니다. 그 사람들은 외국어를 빨리 배우기 위해 어떻게 해야 하는지 알아차린 사람들입니다.'

(이지 토만 저 『어떻게 공부해야 할까,

특히 외국어를 배우기 위해서는 어떻게 하면 좋을까

Jiří Toman : Jak studovat a učit se cizím jazykům. Praha,1960』)

물론 각자에게 재능의 차이가 있는 것은 명백하다. 나도 여태까지 재능의 차이를 얼마나 많이 봐왔는지 모른다. 그러나 만약 재능만이 문제였다면 일본에 온 신부님들이나 목사님들이 누구 한 분 예외 없이 그토록 능숙하게 일본어로 말씀하실 수 있었던 것은 어떻게 설명할 수 있을까. 혹은 이런 분들은 외국어를 습득할 수 있는 비밀을 알고 계셨던 게 아닐까. 나는 후자 쪽 주장에 찬성한다.

반복해서 말하지만 재능의 차이는 분명히 존재한다. 그러나 어떤 언어를 습득하는 데에는 재능보다는 학습 방법이 더 중요하다. 그렇기 때문에 런던에 있는 사람들은 설령 실력에 차이가 있더라도 예외 없이 영어로 말하고 파리에 있는 사람들은 불어로 말하는 것이다. 단 외국어라면 다소 양상이 다르겠지만 그래도 본질적으로는 동일하다.

바이링구얼은 무리라도

물론 외국어를 습득한다 해도 두 가지 언어를 거의 똑같이 마스터한다는 좁은 의미에서의 '바이링구얼'이라면 이야기는 달라진다. 이 바이링구얼에 대해서는 언젠가 다른 곳에서 다루겠지만, 바이링구얼은 재능(실은 이것이 필요하다) 외에 환경 등의 요소도 필요하다. 불어와 네덜란드어의 바이링구얼이며 그 외에 영어와 일본어(그것도 몇 개의 방언까지)까지 유창하게 말씀하시는 글로터스 신부님께서 쓰신 재미있는 에세이의 익살스러운 마지막 반전.

> '여태까지 언어에 대해 대학생들에게 강연을 할 기회가 있을 때마다 나는 항상 "외국어를 잘 할 수 있는 비결을 가르쳐 줄까요?"라고 물어보곤 합니다. 학생들은 하나같이 기뻐하며 연필을 들고 내 입에서 나올 대답만 기다립니다. 그럴 때 나는 천천히 선언합니다. "부모를 잘 만나는 것입니다!"
>
> (『언어言語』1976년 10월호)

라는 부분은 분명히 그 사실을 전하고 있다. 이 에세이는 재미있기 때문에 한번 읽어볼 가치가 있는데, 여기서 명백히 드러나고 있는 것은 좁은 의미에서의 바이링구얼, 즉 두 가지 언어를 거의 비슷하게 이야기하거나 쓰거나 읽거나 하는 것은 노력으로 달성될 수 있는 레벨이 아니라는 것이다.

바이링구얼은 무리더라도 글로 쓰인 것을 사전을 찾아가며 읽거나 편지 정도는 그럭저럭 쓰거나 자신이 잘 아는 분야에서 부족하나마 이야기가 통하는 정도의 레벨이라면 종종 찾아볼 수 있다. 그리고 좀 더 능숙하게 자기가 말하고 싶은 것을 막힘없이 외국어로 말할 수 있는 사람, 또는 문학작품을 읽고 기쁨을 느끼는 사람도 드물지 않다. 나아가 소수이기는 하지만 시를 읽고 이해할 수 있는 사람이라든가 동시통역까지 가능한 사람들도 있다. 즉 어학 습득 수준에는 여러 양상이 있다는 것을 알 수 있다. 외국어를 능숙하게 읽고 쓰고 자연스럽게 대화할 수 있는 사람들이 있다는 것은 우리들에게 큰 자극이 됨과 동시에 구체적인 목표로 삼을 수 있는 반가운 현상이기도 하다.

잊어버리는 것을 두려워 말라

그런데 중학교, 고등학교, 대학교 등에서 어학 습득에 줄곧 고통을 받아왔던 나는 어찌된 일일까. 솔직히 말해 나는 여태까지 편하게 외국어를 습득한 경험이 단 한 번도 없다. 실제로 지금도 괴로워하면서 새로운 외국어에 도전하고 있다. 누군가가 '어학 습득이라는 것은 마치 소쿠리로 물을 퍼 올리는 것과 같습니다. 끊임없이 퍼 올리지 않으면 물이 없어져 버립니다. 물이 새어 나간다고 해서 퍼 올리는 것을 멈추면 소쿠리 자체가 메말라져 금방 망가져 버립니다'라고 말했는데, 이것은 진실이다. 어학 습득에서 결코 잊어서는 안 될 한 가지 충고는 '잊어버리는 것을 두려워 말라'는 것이다.

금방 잊어버린다고 투덜대며 외국어 학습을 시작하기 전부터 포기해버리는 사람에게는 70세를 넘긴 지금까지 매년 한 가지씩 새로운 외국어를 정복하고 계시는 나의 은사님 이야기를 해주곤 한다. "정말이지 이젠 안 되겠네요. 기억하는 족족 잊어버리거든요. 완벽하게 아주 말끔히 잊어버립니다. 우리들이 젊은 사람들에게 대항할 수 있는 유일한 수단은 몇 번이고 몇 번이고 반복하는 길밖에 없겠군요"라고 말씀하시지만, 1년 후 선생님께서는 이미 그 언어를 습득하고 계신다.

애써 외운 외국어를 잊어버리지 않을 수 있다면 참 좋겠다고, 사람들은 흔히들 생각하는 것 같다. 반대로 잊을 수 있다는 것이 얼마나 중요한지에 대해서는 생각하지 않는 듯하다. 나의 또 한 분의 은사님은 독일어 교사 집안에서 태어나 젊었을 때부터 맹렬히, 그것도 철저히 독일어를 습득하셨기 때문에 독일어 다음으로 다른 외국어를 배울 때마다 독일어가 오히려 방해가 된다며 한탄하고 계셨다. 나에게는 그런 걱정이 없다. 아마 독자 여러분도 마찬가지일 것이다.

어학에 능숙하지는 않지만 성과는 있었다

인생의 반환 지점이 가까워져 올 때 '당신은 외국어를 잘 하니까……'라는 말을 듣게 되어 깜짝 놀란 적이 있다. 그리고 그런 비슷한 말을 듣는 횟수는 점차 많아졌고 심지어 '당신은 폴리그롯이니까……'라는 말까지 듣기에 이르러서는 도대체 이게 어찌 된 영문인지 생각해보았다. 이런 말을 듣는 이유 중 하나는 아마도 내가 대학에서 언어학을 가르치고 있기 때문일 것이다.

최근 언어학이라는 단어는 확실히 사람들 입에 자주 오르내리게 되었으며, 언어학 코너가 따로 있는 서점도 있다. 그리고 언어학이 마치 최첨단 학문인 것처럼 간주되고 있다. 우리들이 언어학을 배울 때는 극소수의 학생들만 강의를 들었는데, 지금은 커다란 교실이 적어도 신학기에는 가득 찬다. 그래서인지 이런 종류의 학문을 하고 있는 사람들은 틀림없이 수많은 언어를 할 수 있을 거라는 고정관념이 있는 것 같다. 이러한 현상은 '언어학을 하고 계시니까 분명 많은 외국어를 하실 수 있으시겠죠'라든가 '도대체 몇 가지 언어를 알고 있어야 언어학을 할 수 있나요'라는 질문에도 잘 나타나고 있다.

물론 내 선배 언어학자 중에는 진정으로 능통하신 선생님들이 계시며 언어학 담당 교수로서 폴리그롯이신 분도 계신다. 그러나 나는 아니다. 내가 어학 습득에 아주 서툴다는 것은 그 누구보다도 스스로가 제일 잘 알고 있다. 그러나 몇 번인가 똑같은 질문을 받고 다시금 생각해봤을 때, 어느새 복수의 외국어를 사용할 수 있게 된 자신을 발견하고 쓴웃음을 짓고 말았다.

생각해보면 영국·독일·러시아·체코·슬로바키아의 다섯 개 언어로는 번역되어 출판된 것도 있고 외교관 어학양성기관인 외무연수원에서 가르친 경험이 있는 언어도 러시아어·체코어·세르비아어·불가리아어 등 네 가지나 된다. 대학에서는 고대 슬라브어도 가르치고 있다. 그리고 사전을 찾아가며 자신의 전공 분야 서적을 읽는 정도라면 불어·폴란드어까지 가능하니 할 수 있는 외국어 레퍼토리는 점점 넓어진다. 또한 국제회의 통역 경험도 제법 있고 몇 번에 그치긴 하지만 동시통역 경험도 있다. 이러고 보면 분명 일본인치고는 어학에 능숙하다는 말을 들을 만도 하다고 볼 수 있을지도 모른다.

그러나 몇 번이나 반복하는 것 같아 송구스럽지만, 나는 정말로 어학에 약하다. 지금 여기서 여러 가지 언어를 사용하며 일했던 적이 있노라고, 우리 세대의 일본인이라면 결코 입에 담지 않았을 내 자랑 비슷한 이야기를 늘어놓고 있는 것은, 앞으로 내가 말할 어학 습득의 비결이 결코 탁상공론에 그치지 않고 실제로 어느 정도 성과가 있었다는 것을 나타내기 위함일 뿐이다.

비결을 알고 실행한다면

돌이켜 생각해보면 세 번째나 네 번째 외국어부터 어쩐지 앞이 보이기 시작했다는 생각이 든다. 그리고 긴 시간을 들여 무척이나 먼 길을 돌아가면서 나도 모르게 어학 습득의 비결을 몸으로 익혀왔다고 생각된다. 지금 내가 비결이라고 생각하고 있는 것이 단순히 나 혼자만의 착각이 아니라는 확신은 이 비결을 알고 나서 학생들에게 가르쳤을 때 외국어 습득이 눈에 띄게 향상되었다는 결과가 증명해주고 있다.

대학처럼 학습을 목적으로 모인 사람들의 수업은 물론, 수강자의 연령·성별·재능·학습시간에 큰 차이가 있는 문화 센터 등에서 일찍이 내가 엄청 고생하면서 습득한 외국어를 사람들이 큰 어려움 없이 배워가는 것을 보는 것은 실로 즐거운 경험이다. 연간 8개월, 주 1회, 토요일 오후 1시간 30분의 강습으로 2~3년 만에 체코어처럼 변화가 심한 언어를 어떻게든 읽을 수 있게 되니 참으로 신기할 노릇이다.

외국어 습득에는 비결이 있다. 계속 고생만 하다 결국에는 도중에 포기해버려 미완으로 끝날 우려가 있는 학습 코스를 훨씬 편하게 해주는 비결이 분명 존재한다. 그 비결을 알고 실행에 옮기는 것이 중요하다. 그 비결을 아는지의 여부가 개인이 가진 재능의 차이보다 훨씬 중요하다고 생각한다.

조지아어라도 어렵지 않다

무척 어려운 언어라고 불리는 캅카스(코가서스)의 조지아(그루지야)어 입문서 『조지아어의 기초V.A.Černý : Základy gruzínštiny, Praha,1975』를 쓴 체르니 박사는 '조지아어는 그다지 어렵지 않다!'라는 독특한 제목의 서문에서 다음과 같이 말하고 있다.

'사실을 말하자면 조지아어는 결코 쉬운 언어가 아니다. 모든 음을 정확하게 발음하기 위해서는——일정한 훈련이 필요하고 형태론은 엄청나게 다양해서 모든 문법상의 변화형을 하나하나 열거해낼 수 없을 정도다. 게다가 변화형에서 사용되는 형태는 우리들에게는 익숙하지 않은 것들이기 때문에 언뜻 보면 일단 무척 복잡해 보인다. 통사론에도 유럽 언어를 쓰는 사람에게는 이해하기 어려운 것이 있고——조지아어가 가진 보기 드문 다양성까지 생각하면 그야말로 깜짝 놀라지 않을 수 없다. 하지만 그런 난관에도 불구하고 정말 손도 쓸 수 없을 정도로 절망적인 것은 아니다. 조지아인이라고 우리들보다 특별히 머리가 큰 것도 아니며 조지아 어린이들도 우리 아이들이 모국어를 익히는 것과 비슷한 속도로 조지아어를 마스터한다. 결국 요점은 얼마나 다른가가 아니라, 어떻게 다른가 하는 점에 있다. 바로 여기에 열쇠가 있으며 그것을 눈치채기만 한다면 조지아어가 가진 모든 어려움은 순식간에 사라지고, 뭐야 이 언어도 다른 언어들이랑 똑같네, 그저 접근 방식이 다르다는 것뿐이잖아, 하고 생각하게 될 것이다.'

즉 이 책의 저자도 외국어 습득에는 비결이 있다고 말하고 있다. 단 여기서 언급된 비결은 언어학적 비결에 대해서다. 내가 이 책에서 말하고자 하는 것은 언어학적 비결만이 아니라 언어학 이외 분야의 어학 습득 비결도 포함하고 있다.

제1장을 마치며 다시금 정리하자면, 외국어 습득에는 그 과정을 용이하게 해주는 비결이 있으며 우선 그 비결을 아는 것이 중요하다. 다음 장부터 그 비결에 대해 언급하기로 하겠다. 그리고 또 한 가지 중요한 사항은 기억한 것을 잊어버릴까 봐 두려워해서는 안 된다는 점이다.

2
목적과 목표

왜 배우는가,
도달점은 어디인가

선택의 부자유, 목적 없는 습득

우리들은 쇼핑을 할 때 무엇을 얼마나 살까 신중하게 생각한다. 설령 그것이 아무리 좋은 물건이라 해도 필요치 않은 것은 사지 않으며 필요로 하는 것이라도 필요 이상으로 사지는 않는다. 돈이 아깝기 때문이다.

그러나 유독 외국어 학습에 임해서는 어떤 언어를 습득할 것인가에 대해 쇼핑만큼의 고려도 하지 않는다. 해당 외국어를 얼마만큼 습득할 것인가에 대해서 전혀 생각을 하지 않는 것이다. 그저 외국어를 할 수 없다는 사실에 탄식하고 마구 머리를 긁적일 뿐이다. 그리고 쇼핑을 할 때는 돈을 낭비하지 않으려고 그토록 신경 쓰는 사람들이 어학 습득에 관해서는 돈 이상으로 귀중한 시간을 헛되이 하고 있다는 사실을 전혀 알아차리지 못한다. 실패로 끝나고 말았던 외국어 학습에 바쳐진 수많은 헛된 시간들이 쌓이고 또 쌓여, 그 사체 위에서 눈물을 흘려본 경험. 이미 많은 사람들이 겪어봤을 것이다.

왜 이렇게 되는 걸까. 그 첫 번째 원인은 애당초 가장 신중해야 할 제1외국어 습득 시에 선택의 자유가 없었고 마치 나무에서 뚝 떨어진 사과처럼 그저 그것을 수동적으로 받아들였기 때문이다. 왜 영어를 공부해야 하는지 모르는 사람에게 영어 공부를 시킨다는 것은 실로 어려운 일이다. 이 외에 달리 표현할 길이 없다. 중고등학교 영어 선생님들은 이러한 어려움에 매일같이 직면해 있다. 그리고 대학 입시에 영어가 있다는 사실이 더더욱 사정을 복잡하게 만들고 있다. 영어에서 맛본 쓰라린 경험은 일본인들의 외국어 습득을 더 어렵게 만들고 있다. 우연히 중학교나 고등학교에서 좋은 영어 선생님을 만난 사람들은 행운아다. 이 사람들은 외국어에 대한 공포심 없이 영어 이외의 다른 외국어에도 자연스럽게 접근할 수 있다. 현재 일본의 교육제도에서는 특히 영어에 관한 한, 배우는 사람이 영어를 선택하는 것이 아니라 영어 쪽이 학습자를 고르고 있다.

이런 사정은 외국이라고 별반 다르지 않다. 사회주의권에 속한 대부분의 나라들에서는 제각기 나라 사정에 따라 학습이 시작되는 연령에 다소 차이가 있긴 하지만 일단 러시아어 학습이 의무적이다. 이러한 나라 중에는 러시아어에 가까운 언어, 즉 러시아어 학습에 그다지 어려움이 없는 언어를 모국어로 하고 있는 나라도 많을 것이다. 하지만 그럼에도 불구하고 러시아어 교육은 잘 이루어지고 있지 않다. 이는 소비에트 연방에 대한 감정을 비롯해 여러 문제가 있겠지만, 무엇보다 왜 러시아어를 배워야 하는가에 대한 의식이 불명확하다는 점이 주된 원인이다.

외국어를 배울 때는 왜 이 외국어를 배워야만 하는가에 대한 명확한 의식이 절대적으로 필요하다. 이 반대의 예가 '교양을 위한 외국어' 따위다. 이런 마음으로 불어나 독일어를 배운다면 불어나 독일어에 민폐가 될 것이다. 수많은 교육기구의 혜택을 받으며, 원어민 수준으로 언어를 구사하는 좋은 선생님까지 계신 문화센터의 편안한 자리에 앉아 좋은 교과서와 좋은 사전으로 학습해도 외국어를 좀처럼 자기 것으로 못 만드는 사람들은 목적의식 부족이 그 원인이라 할 수 있다.

한 가지 선택한다면 영어

현재 일본이 놓여 있는 상황 속에서 만약 외국어를 하나만 고르라고 한다면 영어를 고르는 것이 가장 적절하다고 말할 수 있다. 이것은 영어를 아무런 목적도 없이 억지로 학습했기에 그 성과가 오르지 않는다는 사실과는 전혀 다른 레벨의 이야기다. 애당초 외국어 습득의 문제점 중 하나는 그 외국어를 필요로 할지의 여부를 알 수 없는 시점에서 그 외국어를 선택한다는 점이다. 외국어를 습득하는 데에는 일정한 시간이 걸리기 때문에 '자아, ○○어가 필요하게 되었습니다'라는 말을 들어도 시간상 곧바로 대응할 수 없다. 만약 평생 영어를 절대 사용하지 않을 것임을 알고 있다면 영어를 공부할 필요는 전혀 없겠지만 생각지도 못하게 외국, 그것도 영국이나 미국에 국한되지 않고 영어라면 어떻게든 통하는 나라에 가게 되거나 회사로 영문 편지가 오거나 하면 갑자기 영어가 필요해지는 것이다.

'나는 일본문학 전공이니까요'라고 말했던 사람이 미국인의 일본문학론을 읽을 필요가 생기거나 혹은 아들이 파란 눈을 가진 며느리를, 딸이 파란 눈의 사위를 데리고 오는 일도 있을 수 있다. 과연 그 누가 이런 일들을 미리 예상할 수 있으랴. 이렇게 생각했을 때 현재 일본에서 가장 요긴하게 쓰일 가능성이 있는 외국어는 영어다. 만약 영어를 정말로 잘 한다면 영국문학이나 미국문학을 읽을 수 있을 거라는 사실은 누구든지 예상할 수 있다. 그리고 문학, 즉 소설이나 평론이나 시까지는 무리라 해도 그보다 쉬운 텍스트 정도를 읽을 수 있다면 세상의 실로 많은 나라의 언어들에 대한 번역을 읽을 수 있고 또한 그러한 나라들의 언어에 대응하는 영어사전을 사용할 수 있게 된다. 아프리카나 동남아시아 언어나 문화를 연구하는데 영어를 모른다면 어찌할 방법이 없다. 이것은 영어가 수많은 나라에서 널리 사용되고 있기 때문이다. 외국으로 여행 갈 때 가장 사용될 가능성이 높은 언어는 영어일 것이다. 단 이것을 너무 과신하면 유럽에서조차, 예를 들어 파리에서도 통하지 않는다는 사실을 절감하게 될 것이다.

사전도 교과서도 음성자료도

영어는 일본에서 가장 학습 수단이 잘 갖춰져 있는 외국어다. 사전도 많이 있고 교과서도 여러 가지로 잘 준비되어 있다. 영어로 말하는 사람을 발견하는 것은 그리 어려운 일이 아니며 라디오나 TV에도 영어 시간이 있다. 게다가 다양한 음성자료가 있다. 만약 세르비아·크로아티아어(유고슬라비아의 가장 유력한 공용어로 말하는 사람 수는 1,500만)를 배우려 한다면 과연 어떨까. 일본어로 된 학습 수단이 전혀 없기 때문에 영어로 된 학습 수단을 이용하지 않을 수 없다. 사전도 학습서도 모두 외국어로 된 것을 사용하지 않으면 안 되는 것이다. 다시 말해 중개를 할 언어(예를 들어 영어, 러시아어 등)를 알지 못한다면 학습이 불가능해진다. 이 지구상에 있는 5,000가지, 혹은 8,000가지의 외국어 중 실로 99% 이상이 일본에서는 세르비아·크로아티아어 수준이다.

일본에서 영어 학습은 다른 외국어 학습보다 훨씬 편리하다. 그럼에도 불구하고 많은 사람들이 영어 학습 때문에 눈물을 흘리는 것은 왜 영어를 배워야 하는가에 대해 자신의 마음을 정리하지 못하고 있기 때문이다. 즉 명확한 목적의식이 없는 것이다. 체코 작가 카렐 차페크Karel Čapek가 말하고 있는 것처럼 선물이라는 것은 그것을 받아들이는 측의 정황과는 상관없이 자기에게 떨어진다. 만약 받아들이는 측이 바라던 선물이라면 그 기쁨은 크겠지만 아무리 좋은 물건이라도 불필요한 선물이라면 쓸모없을 뿐이다. 결혼식 답례품 때문에 눈살을 찌푸리게 되는 것은 종종 있을 수 있는 케이스이며 다른 사람이 준 책 대부분이 자신의 장서에서 차지할 자리가 없는 것도 그 일례다. 영어를 포함한 외국어를 선택할 때 해당 외국어 선택이 이런 선물처럼 어딘가에서 떨어져 내려온 것이어서는 곤란하다. 왜 이 외국어를 배우는가 하는 문제에는 쇼핑 이상으로 주의를 기울일 필요가 있으며 이 점을 명확히 의식하느냐 마느냐가 해당 외국어 습득의 커다란 포인트라고 할 수 있다.

영어·독일어·불어를 자유자재로 구사하는 웨이터

어떤 외국어를 왜 선택하는가에 대해 의식하는 것이 질적인 문제라고 한다면 그 다음으로는 선택된 외국어를 얼마만큼 공부해야 하는가라는 양적인 문제가 있다. 실은 이 점도 중요한 포인트인데 이에 대해서도 거의 고려되고 있지 않은 상황이다.

우선 구체적인 예를 몇 가지 들어보자. 일류라고는 할 수 없어도 어느 정도 이름이 있는 유럽 호텔에서 식사를 하는데 웨이터가 다가와 주문을 받는다. 이 웨이터는 일본인에게는 영어로, 독일인에게는 독일어로, 프랑스인에게는 불어로 대응한다. 때로는 이태

리어나 스페인어까지 수비범위에 들어가는 사람도 있다. 이것을 바라보는 일본인은 이러한 웨이터들, 게다가 그다지 나이도 먹지 않은 웨이터의 다국어 사용 모습에 깜짝 놀란다.

　이때 우리들은 하나의 마법에 빠져 있는 것이다. 영어·독일어·불어 등의 언어를 자유자재로 다루는 웨이터를 보고 이 사람들은 세 나라 말을 할 줄 안다는 착각에 빠져 자신의 무력함을 탓해버린다. 그러나 이 웨이터가 경마에 대한 예상을 이야기할 수 있거나 평판이 좋은 오페라에 대한 소문을 전할 수 있을 정도로 능숙하게 구사하는 것은 세 가지 말 중에서 한 가지뿐이다. 왜냐하면 이 한 가지는 웨이터의 모국어이기 때문이다. 일본인이라면 누구든지 일본어를 말할 수 있는 것과 마찬가지다. 나머지 두 개의 언어에서는 '이 소고기는 웰던well-done으로? 아니면 레어rare로?'라든가 '계란은 스크램블로?'라든가 '음료는 무엇으로 하겠습니까?'라든가 하는 몇 가지 패턴을 알고 있는 것에 지나지 않는다.

　말보다 실제 증거로 만약 이 웨이터에게 모국어가 아닌 언어로 관광버스에서 무엇을 볼 수 있는지 혹은 세관에 걸린 짐들을 어떻게 받을 수 있는지 물어본다면 대답할 수 없을 것이다. 바로 리셉션(안내)이나 기타의 장소에서 외국어를 잘 하는 사람을 데리고 오는 것을 보면 알 수 있다.

　즉 이 사람들은 영어로 엘리엇George Eliot을 읽고 불어로 사르트르Jean-Paul Sartre를 논하고 독일어로 토마스 만Thomas Mann을 즐기는, 그런 사람들이 아니다. 자신의 직업에 필요한 최소한의 지식을 갖추고 있는 것에 지나지 않는다. 하지만 그것만으로 충분하며 여기서 어학학습에 대한 하나의 힌트를 얻을 수 있다. 그것은 이

제 곧 팔리기 시작할 것이라는 휴대통역기처럼 하나의 언어를 또 하나의 언어로 바꾸는 것이 아니라 몇 개인가의 구문을 외워두게 하고 그 등가물을 취한다는 구조다. 필요로 하는 양만 학습하는 것이 많은 언어를 습득하는 비결 중 하나다.

스튜어디스가 말하는 영어

언젠가 일본항공日本航空의 여객기가 납치되는 사태를 당해 사건이 해결된 후 기장과 조종자와 스튜어디스가 TV 인터뷰에 응한 적이 있다. 이 인터뷰는 외국에서 행해졌고 이야기는 영어로 진행되었다. 그러나 비행기 납치사건에서 훌륭한 활약을 보인 이 스튜어디스는 영어실력이 그다지 신통치 않았던 모양인지, 해당 질문에 거의 대답할 수 없었다. 이 2~3일 후 신문 지면에 한 독자의 투서가 게재되었다. 그 인터뷰가 부끄러웠기 때문에 일본항공은 모름지기 스튜어디스의 회화능력을 높여야 한다는 것이 요지였다. 이 제안에 대해 회사가 어떻게 대처했는지 과문한 탓에 잘 알지 못하지만 필자의 생각으로는 이에 찬성하기 어렵다.

물론 스튜어디스의 영어능력이 탁월하다면 더할 나위 없이 좋을 것이다. 현재에도 영어 교육을 행하고 있으며 업무는 거의 순조롭게 진행되고 있다. 이것으로 충분하다. '머리가 아파서 약을 먹고 싶다', '아가 기저귀를', '면세품의 범위는' 등과 같이 극히 빈도수가 높은 구문을 훈련하면 되기 때문에 손님과 셰익스피어 William Shakespeare의 소네트Sonnet를 논할 필요는 없다. 다소 어려운 질문에 대답할 수 있는 사람은 몇 명인가 되는 스튜어디스 중에

한 명 정도 있으면 될 일이다.

만약 극히 드물게 일어날 비행기 납치 사건의 인터뷰를 위해 전 스튜어디스에게 그 분야 응답이 가능하도록 영어 교육을 한다면 그것은 완전히 쓸데없는 짓이나 다름없다. 인간의 능력에는 한계가 있고 수명도 한정되어 있으므로 필요한 수준의 영어를 할 수 있다면 그것으로도 충분하다.

화학 문헌을 번역하기 위해서

다음 예는 너무 극단적이라 무서운 기분마저 드는데 실제로 필자가 겪은 일이기 때문에 전해두고자 한다. 벌써 몇십 년이나 전의 일이지만 필자가 프라하의 학생 기숙사에 있었을 때의 일이다. 어느 날 낯선 체코인이 방문했다. 기차로 세 시간 정도 걸리는 지방 도시에 사는 사람이었는데 일주일에 한 번 나에게 와서 일본어를 배우고 싶다는 것이었다. 얼마의 수업료를 내야 자기에게 일본어를 가르쳐줄 수 있는지, 어느 정도의 기간 안에 일본어를 습득할 수 있는지 하는 질문이 시작되었다. 그런데 그 다음에 제시된 조건에 깜짝 놀랐다. 이 사람이 말하는 바에 의하면 발음은 전혀 가르쳐주지 않아도 좋으며 쓰여 있는 글의 의미만 알면 된다는 것이었다.

좀 더 자세히 사정을 묻자, 이 사람은 화학 기사技師로 화학 문헌을 번역할 수만 있으면 된다는 것이 학습 목적이었다. 즉 단어를 찾을 수 있고, 문장을 만드는 규칙인 신텍스syntax(통어법)를 파악할 수 있으면 되기 때문에 일본어회화는 물론, '물'이라는 글자를 못 읽어도 H_2O를 의미한다는 것만 알면 충분하다는 것이다. 이미 영어·독일어·불어·러시아어도 그 레벨에 도달해 있어서 논문 내용은 이해할 수 있기 때문에 문자 이외에는 큰 어려움이 없다고 생각한다는 것이 요지였다. 그래서 1년 반 정도라면 가능할 것 같다고 대답해주자 곧바로 펜과 노트로 계산을 시작하더니 왕복 기차 운임과 나에게 주는 교육비는 수업 마치고 2년이면 회수되고 그 이후 죽을 때까지 벌 수 있기 때문에 부탁드리겠노라는 것이었다.

이 사람이 일본어를 배우는 이유로는 일본어 문헌을 읽고 싶다는 것 외에 체코에서는 일본어 번역료가 무척 비싸다는 점, 외국어를 한 가지 할 수 있게 될 때마다 직장에서 자격 랭크가 올라가 급여도 올라가는 구조로 되어 있다는 사정 등이 있었다.

이렇게 명확한 학습의식을 가지고, 학습 대상 즉 어느 영역을 어느 정도 해야 되는지 알고 있는 사람의 진보 속도가 어땠을지는 굳이 말할 필요도 없을 것이다. 왕복 기차 시간을 주로 한자 습득에 할애한 이 사람은 1년 3개월 후에 이미 논문을 무리 없이 번역할 수 있게 되었고 "1년 후부터는 플러스가 됩니다"라며 방긋 웃고 손을 흔들며 돌아갔다. 그 뒷모습이 무척 인상적이었던 것을 기억하고 있다.

'가능하다'에도 여러 가지 단계가

정말로 유창하게 외국어를 읽고 쓰고 말할 수 있으려면 솔직히 3년에서 5년은 족히 걸린다. 따라서 두 가지 혹은 세 가지 언어를 그렇게 구사할 수 있는 사람은 적어도 10년 가까이 어학 공부를 하고 있었다는 말이 된다. 수많은 외국어를 할 수 있는 사람이라도 읽고 쓰고 말할 수 있는 외국어는 두세 가지에 지나지 않는다. 그 외의 외국어는 상황에 따라, 사전을 찾아가며 텍스트를 읽을 수 있다거나 손짓 발짓도 섞어가며 이야기를 나눌 수 있는 정도다. 애당초 대여섯 가지나 되는 외국어를 읽고 쓰고 말하는 것이 가능할 리 없고 또한 그럴 필요도 없다. 필요도 없는데 몇 개나 되는 외국어를 할 수 있다는 것은 오히려 죄악이라는 말을 어느 책에선가 읽은 적이 있는데 내 생각도 이와 비슷하다.

만약 대여섯 가지나 되는 외국어가 그렇게 스탠바이 상태로 있다고 한다면, 그 사람은 끊임없이 그 언어들을 잊지 않도록 반복해야 한다. 내가 알고 있는 사람 중에 12개의 언어를 액티브하게 말할 수 있는 사람이 있는데 이 사람은 해당 언어를 잊지 않기 위해 시간을 정해서 끊임없이 반복하고 있다. 만약 하루씩 걸러 한 가지 언어에 대해 30분씩 반복한다 해도 일주일에 18시간을 복습 시간으로 빼앗기게 되는 것이다. 이 정도라면 이미 외국어 습득의 노예라고밖에는 볼 수 없다.

여러 외국어를 할 수 있는 사람은 있어도 그 가운데 읽고 쓰고 말하는 세 박자를 모두 갖추어 구사할 수 있는 언어는 한두 가지 정도이며 세 가지까지 하는 사람도 소수에 불과하다. 즉 그 이외의 언어는 당연히 무언가의 제한이 동반된다. 따라서 외국어를 배우려고 할 때는 어떤 언어를 세 박자 모두 갖출 것인지, 어떤 언어를 수동적으로 읽기만 할 것인지, 신중히 생각하지 않으면 안 된다. 그리고 단순히 2주간의 여행을 위한 외국어라면 20까지의 숫자와 극히 일상적인 인사말 정도만 공부하면 충분하다고 본다.

내가 경애하는 R선생님은 최근 몇 년 동안 더운 여름에는 에스키모어, 추운 겨울에는 아프리카의 요루바어, 같은 식으로 1년에 두 개씩 습득하고 계시는데 이것은 결코 읽고 쓰고 말하는 수준이 아니라 선생님의 연구에 필요한 문법 구조를 이해할 수 있을 정도에 그친다. 하지만 선생님에게는 세 박자 모두 할 수 있는 언어가 네 가지나 되고 그 외에 러시아어, 헤브라이어, 아라비아어 등 읽을 수 있는 언어도 몇 가지나 되며 문법 구조를 알고 있는 언어도 몇십 가지나 되는 놀라운 상황이다. 만약 세 박자의 언어를 하나 습득하고 수동적인 언어를 또 한 가지 습득한다면 세 박자 모두 갖춘 외국어 습득이란 어떤 것인지, 읽는 것만으로 충분한 수동적인 언어 습득에는 어느 정도의 시간과 인내가 필요한지를 알 수 있게 되고, 그 다음의 언어 습득은 자연 수월해질 것이다.

목적과 한도를 명확히 하고

마지막으로 이 장에서 언급해왔던 것들을 다시금 정리하자면, 외국어를 습득하려고 할 경우 무슨 언어를 어떤 목적으로 배울까를 분명히 정하고 나서 공부를 시작하지 않으면 안 된다는 것이 첫 번째 주장이다. 일본에서는 보통 우선적으로 영어가 그 후보로 선택되고 있는데 이 경우에도 영어가 자신한테 어떤 의미를 가지는지 잘 생각해야만 한다.

배우고 싶은 외국어가 결정되면 다음으로 그 외국어를 어느 정도 습득할 생각인지 대략적인 목표를 세워야 한다. 읽고 쓰고 말한다는 세 가지 모두를 구사하기 위해서는 언어의 난이도에 따라 3년에서 5년 정도의 시간이 필요하다. 그러므로 필요도 없는 언어를 단순히 교양을 위해서 서너 가지나 배우는 것은 인생에서 커다란 낭비라고 하지 않을 수 없다. 또한 책을 읽고 내용을 이해할 수 있으면 될 언어를 쓰거나 말하기까지 하려고 하는 것도 아깝고 쓸데없는 노력이다.

3
필요한 것

'어학의 신'은
이렇게 말했다

신들의 향연

생각해보면 나는 실로 대단하신 선생님들을 만났다. 어학에 탁월하신 모습에는 나도 모르게 감탄이 절로 나왔지만, 이렇게 잘하시는 선생님에게 배울 수 있다는 기쁨보다는 종종 스스로의 무력함에 절망하게 되는 경우가 많았다.

> "있잖아, S. 요즘 뭐 공부하는 거라도 있어?"
> "아니. 공부 안 하고 있는데? 그런데 R, 자네는?"
> "요즘 공부는 안 하고 있는데 기번Edward Gibbon의 『로마제국
> 쇠망사』는 읽었다네."
> "그래? 그러고 보니 나도 프루스트Marcel Proust의 『잃어버린
> 시간을 찾아서』를 읽긴 했군."

이 평범한 대화가 의미하는 바는 R선생님은 모두 여섯 권이나되는 기번의 대작을 영어로 읽으신 것이며 S선생님은 일본어로도 끝까지 읽기 힘든 프루스트의 명작을 불어로 읽으셨다는 말이다. 이 두 분 모두 각각 원전으로 읽는 편이 일본어역보다 보다 잘 음미할 수 있기 때문에 원전을 보시는 것이다. 따라서 필사적으로 단어를 찾으면서 어학을 위해 읽는 것과는 다소 차원이 다르다. 혹시나 싶어 덧붙이자면 두 분 모두 로마사의 전문가도 아니며 프랑스문학 전문가도 아니다. 개인적으로 읽고 싶은 책을 원서로 보셨을 뿐이다.

이러한 선생님들이 몇 분이나 모여 즐기시는 술자리에 종종 섞

일 수 있는 기회를 얻었다. 한마디도 놓치지 않기 위해 귀를 쫑긋 세웠던 적이 몇 번이나 있었는데, 나에게 그 경험은 그야말로 신들의 향연을 바라보고 있는 것이나 마찬가지였다.

S선생님의 독일어·폴란드어

그러한 어학의 신들이 서로 이야기를 나누시는데, 그 신들 가운데서도 가장 어학에 능숙하신 것으로 정평이 나 있던 분이 S선생님이다.

이 S선생님에게는 나도 여러모로 신세를 졌는데 유학을 갈 때도 추천장을 써주셔서 무척 영광스럽게 생각했다. 추천장을 부탁드리러 찾아뵈었을 때 "뭐라고? 다른 선생님들이 러시아어와 영어로 쓰셨다고? 그럼 나는 독일어로 써주겠네"라고 하시며 흔쾌히 수락해주셨다. 그리고 2, 3일 후에 추천장을 받으러 댁으로 찾아갔다. 이미 옛날 일이라 잘 기억이 나지 않지만 아무래도 그때 타이핑된 본문과 그 복사본 한 통을 받았던 것 같다.

유학을 갔던 프라하의 기숙사에서 우연히 책상 위에 있던 이 추천장 복사본을 본 독일인 박사과정 학생이 했던 말이 지금도 귓가에 선명히 남아 있다.

"흐음, 훌륭한 독일어네. 나도 10년 있으면 이런 멋진 글을 쓸 수 있으려나."

요컨대 S선생님의 독일어는 그저 '할 줄 안다'의 영역을 훨씬 뛰어 넘고 있었던 것이다.

이 S선생님이 얼마나 천재였는지를 나타내는 또 하나의 에피소드를 전하고자 한다. 나는 학창시절부터 폴란드어를 배우기 시작했다. 지금처럼 음성자료나 강습회도 없었고 사전조차 구할 수 없던 시대의 일이다. 분명 포즈난Poznań(폴란드 서부 도시. 1956년 6월 일어난 포즈난 사건은 동구에서 처음으로 일어난 반소(반공) 유혈시위–역자 주)에서 사건이 있었던 해였으니 1956년의 일이었을 것이다. 당시 미국에서 교환교수로 일본에 와 계셨던 러스키 교수님께서 L씨라는 폴란드인을 나의 폴란드어 선생님으로 구해주셨다. 이 분은 열렬한 애국자로(하긴 애국자가 아닌 폴란드인을 발견하는 것은 매우 어렵다), 수업 전에 매번 직립부동의 자세로 '폴란드는 아직 망하지 않고'라는 국가를 부르셨다. 그리고 당시 손에 넣을 수 있었던 단 한 권의 테슬라Tesle 폴란드어 교과서를 읽어주셨고 작문을 첨삭해주시기도 하였다.

그러던 어느 날의 일이었다. 테슬라 교과서에 책갈피 대신으로 사용하고 있던 S선생님의 폴란드어 그림엽서가 마룻바닥 위에 떨어졌다. 그것을 가볍게 집어 주신 L씨는 언뜻 눈길을 주시더니 그림엽서에 폴란드어가 쓰여 있음을 알아차리시고는 읽어도 되냐고 물으셨다. 소리 내어 그 엽서를 읽었던 L씨는 S라는 사인이 있는 마지막 부분까지 와서 "이것을 쓴 사람이 일본인? S라는 사람은 누구냐? 어떻게 이런 완벽한 폴란드어를 일본인이 쓸 수 있는 거지?"라고 마구 질문 공세를 펴부었다.

L씨가 말하기를, 자기라면 좀 다르게 썼을 부분이 두 군데 정도 있긴 하지만 이렇게 쓰는 폴란드인은 아주 많다는 것이었다. 그리고 전체가 문체론적으로 통일되어 있는 점이 훌륭하다는, 비평이라기보다는 절찬에 가까운 말씀과 함께 그 엽서를 돌려주었다.

숙달에 필요한 것은──돈과 시간

이처럼 신의 경지에 이르렀다고 할 수 있는 선생님이었기에 기회가 있을 때마다 선생님으로부터 어학 습득의 비결을 어떻게든 듣고자 했던 것도 당연한 일일 것이다. 게다가 이 선생님이 광기에 휩싸인 어학 천재라면 우리와는 다른 부류의 사람이라고 진작에 단념했겠지만 선생님은 원만한 인품에 멋진 교양을 갖추신 상식적인 분이셨기 때문에 재능에 근본적인 차이가 있다는 것을 충분히 알면서도 이 선생님을 따라하면 어떻게든 나도 할 수 있게 될 것이라는 마음이 들게 하는 매력을 갖추신 분이셨다. 그런 S선생님에게 여쭈어본 것이니 만큼 외국어를 잘 하기 위한 이 힌트를 독자 분들도 나처럼 믿어주실 수밖에 없을 거라 생각한다.

"선생님, 어학을 잘 하기 위해서 필요한 것은 무엇일까요?"
"두 가지, 돈과 시간!"

짧지만 함축적인 이 단답형 대답을 듣고 그저 눈만 깜빡거리고 있던 나에게 선생님이 설명해주신 바에 의하면 다음과 같다. 어학을 잘 하기 위해서는 우선 돈을 들이지 않으면 안 된다는 것이었다. 선생님 본인께서도 러시아 부인에게 월사금을 갖다 바쳐서 러시아어를 습득하셨다고 한다. 인간은 애당초 구두쇠이기 때문에 돈을 지불하면 쓸데없이 허비하지 않겠다는 마음이 생겨 그 시간이 헛되지 않도록 예습·복습을 한다는 것이다.

외국인에게 일본어를 가르치고 그 대신 상대의 외국어를 배운다는 이야기를 종종 듣지만 그렇게 해서 외국어가 능숙해진 사람을 만나본 적이 없다. 돈을 쓰지 않았기 때문일 것이다. 대학 시절 제2외국어 등의 방법으로 얼마든지 좋은 선생님에게 배울 수 있는 기회가 있었는데도 좀처럼 외국어실력이 늘지 않았다. 오히려 사회에 나가 업무를 마치고 돈을 써가며 배우러 다니면 실력이 는다. 이것은 앞서 언급한 대로 확실한 목적의식과 함께, 바로 돈을 지불했기 때문일 것이다.

선생님 말씀에 따르면 신은 참으로 공정하셔서 돈만 있어도 안 되고 시간도 필요하다는 이야기였다. 만약 돈만으로 어학이 가능하다면 마쓰시타 고노스케松下幸之助(일본의 전자 산업을 이끈 대재벌-역자 주) 씨 같은 부자는 몇십 가지나 되는 언어를 습득할 수 있었을 것이다. 그러나 이런 사람들은 회의니 협상이니 해서 너무나 바쁜 나머지 인칭 어미를 반복하거나 단어를 기억할 시간이 없다. 대학생이란 원래 시간은 있지만 돈이 없는 사람들이며 사회인이란 약간 돈이 있지만 시간이 없는 사람들이다. 이러한 사실로 비추어보면 자본주의란 시간을 돈으로 바꾸는 제도라는 것이 명백하다.

조금씩이라도 반복한다

외국어 습득에는 시간이 필요하다. 이것은 다른 학과 공부의 습득과는 약간 다르다. 심리학 전문가는 아닌지라 그다지 자신은 없지만, 외국어 습득에는 기억이 중요한 역할을 하고 있으며 기억에는 반복이 필수고 그를 위해서는 시간이 필요하다. 시간을 사용하는 방법에 대해 한마디하자면 어떤 외국어를 습득하고자 결심하고 구체적으로 학습을 시작했을 때 우선 반년 정도는 미친 듯이 몰두할 필요가 있다. 이것은 인공위성을 궤도에 올려놓을 때까지 로켓의 추진력이 필요한 것과 마찬가지로 한번 궤도에 오르기만 한다면 그 다음에는 정기적으로 일정한 시간을 내서 공부하면 된다.

이때 24시간을 어떤 외국어 습득에 바치고자 생각했다면 하루 6시간씩 4일 하는 것보다 2시간씩 12일을 하는 편이 좋다. 아마도 이것은 기억의 메커니즘과 관련되어 있겠지만 나로서는 설명이 불가능하다. 단 어학을 능숙하게 해주는 방법을 논한 그 어떤 책도 매일 조금씩 정기적으로 반복할 것을 권장하고 있는 것은 사실이다.

신이 공평하다고 생각하는 또 하나의 이유는 단기간에 급격히 습득한 어학은 단기간에 급격히 잊어버리지만 장기간에 걸쳐 습득한 어학은 잊어버리는 데 긴 시간이 걸린다는 사실이다.

기억할 것은——어휘와 문법

돈과 시간이 필요하다는 것은 이해했지만 그렇다면 그 돈과 시간으로 무엇을 배워야 하는지, 나는 다음 질문을 드렸다. 그에 대해 S선생님은 다음과 같이 대답하셨다.

"반드시 기억해야 할 것은 단 두 가지. 어휘와 문법."

이것 역시 실로 명쾌한 대답이었다. '뭐야?'라고 생각하실 분도 계실지 모르지만 모든 외국어 학습에서 절대적으로 필요한 것은 이 두 가지다. 단어(언어학에서는 단순히 '어語'라고 한다)란 무엇인가를 엄밀히 정의하는 것은 무척 까다롭기 때문에 여기서는 일단 더 이상 깊이 들어가지 않기로 하자. 단어가 없는 언어는 존재하지 않으며 그 단어를 조합하여 문장을 만드는 규칙을 가지지 않는 언어도 없을 것이다. 즉 무슨 말을 배우든 이 두 가지는 절대적으로 필요하다.

그리고 S선생님은 너무나 간단하게 이 두 가지를 지적하고 계시는데 이 '어휘(하나의 언어에 있는 단어의 총합)와 문법'이라는 순번 역시 중요한 의미를 가지고 있다. 우선은 단어를 외우지 않으면 안 된다. 그렇다면 도대체 단어를 얼마나 알아야 할까. 그것은 어떤 방식으로 습득해야 할까. 이에 대한 구체적인 처방전은 앞으로 나올 '어휘'의 장에서 언급할 예정인데, 아무튼 외국어 습득에서 어휘가 가진 의미는 아무리 강조해도 지나치지 않는다. 아울러 독일어 하면 바로 '데어der, 데스des, 뎀dem, 덴den' 등 관사만 떠올리는 일본 어학 교육의 문법 편중은 백해무익이라 할 수 있으며 오히려 '외국어 습득 탈락자' 양성을 위한 최적의 코스나 다름없다.

교과서·교사·사전

외국어 습득을 위해 어휘와 문법을 기억하지 않으면 안 된다는 것은 이해했지만, 그럼 이 두가지를 암기하기 위해서는 무엇이 필요할까. 이 질문에 대해서도 S선생님은 명쾌하게 다음과 같이 대답하신다.

"외국어를 배우기 위해서는 다음과 같은 세 가지가 모두 갖추어지는 것이 가장 바람직하다. 우선은 좋은 교과서이며 두 번째는 좋은 선생님이고 세 번째는 좋은 사전이다."

좋은 교과서에 해당되는지 여부에 따라 외국어 습득의 난이도가 크게 달라진다. 교과서는 신중히 선택해야 한다. 물론 이것은 운 좋게도 여러 가지 교과서가 나와 있는 언어의 경우다. 만약 조금이라도 희귀한 외국어를 배울라치면 일본어로 된 교과서는 없는 경우가 대부분이다. 어쩔 수 없이 자신이 알고 있는 외국어로 된 교과서를 사용해야 한다. 이것은 학습자에게 상당한 부담을 주기 때문에 영어 다음으로 배우는 외국어로는 가능하면 일본어로 된 교과서가 있는 언어를 선택하는 편이 낫다. 구체적으로 어떠한 교과서가 좋은가에 대해서는 이후 '교과서' 해당 장에서 언급하고자 하는데 교과서의 질적 수준은 외국어 습득에서 매우 중요한 의미를 가지고 있다. 이것은 반드시 기억해주길 바란다.

가르치는 사람이 좋은 선생님인지 여부가 외국어 학습자에게 얼마만큼이나 커다란 의미를 가지고 있는지는 '내가 이 언어를 계속할 수 있었던 것은 바로 그 선생님 덕분입니다'라는 발언을 종종 접할 수 있다는 사실로도 이해해주실 것이다. 이것도 당연히 장을 따로 만들어 상세히 논할 작정이지만 외국어를 가르치고 있는 수많은 교사 가운데 진정으로 좋은 선생님은 그리 많지 않다는 사실에 대해 미리 주의해두지 않을 수 없다. 반대로 좋은 선생님을 만날 수 있었던 사람은 반드시 그 찬스를 자신의 것으로 삼아야 할 것이다.

교사 선택에 관해서 대학보다 훨씬 자유롭고, 교사들에게 가차없이 냉정한 각종 어학강좌나 문화센터 등을 살펴보자. 처음에는 유명인을 불러 사람들을 끌어모으지만 몇 년쯤 지나는 사이에 허울좋은 이름뿐인 사람들은 자취를 감추고 초급 어학을 가르치는 데에도 열정과 경험이 있는 선생님들만 살아남게 된다. 학생 측의 선택이 훌륭해지고 있다는 사실을 나타내고 있다.

가르치는 사람이 인간이라면 가르침을 받는 사람도 인간이다. 외국어강좌에서 가장 중요한 자질은 외국어 문법에 통달해 있다거나 말을 능수능란하게 한다거나 하는 것 이상으로, 배우는 사람을 포기하게 하지 않는 매력적인 수업을 하는 것에 있다.

마지막으로 거론한다고 해서 결코 중요하지 않다는 뜻이 아닌 사전에 대해서도, 별도의 장을 통해 검토하기로 하겠다. 사전이 어학 습득에 얼마나 중요한가는 이미 분명하다. 그러나 새로운 어학의 초보 단계에서는 아직 그 정도까지 중요한 역할을 하지는 않는다. 사전이 중요한 의미를 가지게 되는 것은 중급 이후다. 상급에 이르면 사전의 질과 얼마나 잘 단어를 찾는가가 커다란 의미를 가진다. 사전에 대해서만은 그 중요성을 굳이 강조할 필요가 없을 정도로 많은 관심이 집중되어 있다. 이런 사실은 언어학 관련 잡지가 사전 특집만 짜면 항상 큰 성공을 거두는 것에도 잘 나타나고 있다. 사전이 문화의 일익을 담당하고 있는 중요한 작품이라는 것은 새삼 강조할 필요도 없을 정도로 잘 알려진 사실이다.

외국어를 잘 하는 길

외국어 습득에 탁월한 재능과 풍부한 경험을 가지고 계신 S선생님의 가르침에 따라 이 『외국어 잘 하는 법』은 구체적인 방향을 제시할 것이다. 다시금 그것을 정리해보면 외국어 습득에 반드시 필요한 것은 돈과 시간이며, 반드시 기억해야 할 두 가지 항목은 어휘와 문법이고, 습득을 위한 세 가지 중요한 도구는 좋은 교과서와 좋은 선생님과 좋은 사전이라는 것이 된다.

　이하에서는 하나하나의 항목에 대해 구체적으로 검토해가기로 하겠다. 그리고 지금까지 거론하지 않았던 중요한 포인트, 발음과 회화 등에 대해서도 다루겠다.

4
어휘

기억해야 할
1,000개의 단어란

피와 살로서의 어휘

　이렇게 거친 비유를 해버리면 다들 부담스러워 하실지도 모르지만 언어를 인간에 비유하자면 뼈와 신경은 문법이고 어휘는 피이자 살이다. 뼈와 신경이 망가지면 인간은 잘 움직일 수 없지만 피와 살이 없으면 인간이 아니라 해골에 지나지 않는다. 언어에서 어휘가 얼마나 중요한지는 이런 비유를 굳이 들지 않아도 잘 이해해주실 거라 생각한다. 극단적으로 말하면 영어에서는 3인칭 단수 현재로 동사에 –s가 붙는다는 규칙보다 butter라는 단어 하나를 알고 있는 편이 유럽의 싸구려 호텔 조식에서는 절대적으로 도움이 된다. 이것은 많은 사람들이 경험하고 있는 바일 것이다.

　그러나 외국어 습득에 관해서 말하자면 '일본 여기저기에 해골들이 걸어 다니고 있다'는 말이 된다. 언제부터인지 일본에서의 외국어 교육은 문법에 편중되어 언어에서 너무나 소중한 어휘 학습이 등한시되고 있다. 유학을 갔던 프라하 학생 기숙사에서 필자는 우연히 같은 방에 있던 체코인 K군이 독일어를 자기 것으로 하는 전 과정을 관찰할 기회를 얻을 수 있었다. 하지만 끊임없이 침대 위에 드러누워 단어장만 넘기고 있을 뿐 그 밖의 다른 공부를 하고 있는 모습을 본 적이 없다. 책상에 앉아 사전을 찾는다는 일본식 어학 학습과 비교해보면 참으로 절도 없는 공부법이라고 생각했다. 하지만 눈 깜짝할 사이에 실력이 늘어 어안이 벙벙했던 적이 있다.

　어휘 습득이 잘 되지 않는 이유는 어휘 학습이 재미없다는 것과 단어 수가 많아 언뜻 보면 학습에 끝이 없을 것처럼 보이는 것,

어떠한 어휘를 선택할까에 대한 자각이 없다는 것 등에 기인한다.

암기 단어 수를 늘려가는 작업은 결코 재미있지 않다. 단어가 자연스럽게 늘어나고 심지어 희열까지 동반되는 것은 아주 나중의 일이다. 여기서 지금 문제로 삼고 있는 것과는 레벨이 다른 것이다. 단어를 외운다는 것은 단순한 작업이며 최종 결승점도 없고 심지어 재미있지도 않다. 그럼에도 불구하고 단어를 외우지 않으면 외국어 습득에 큰 지장을 초래한다. 이런 모순을 반드시 해결해야 하는 것이 바로 외국어 학습이다.

끊임없이 사전을 찾아야 하는 외국어 학습이 얼마나 비참한지는 많은 사람들이 절실히 경험하고 있는 바이다. 그렇기 때문에 단어를 외운다는 노력을 착실히 계속할 수 있는 사람은 난관을 극복했을 때의 즐거움을 알고 있거나 그것을 상상할 수 있는 사람이다. 하나의 외국어를 자신의 것으로 만든 사람이 다음 외국어 습득에서도 높은 성공률을 보이는 것이 그 증거라고 말할 수 있다.

단어 공부와 정신력

어휘 습득이 문법 공부와 다른 커다란 특징은 언어에 따른 난이도 차이가 없다는 점이다. 어휘 습득은 어떤 언어에서든 똑같이 상당한 시간이 걸리고, 일본에서든 유학을 간 외국에서든 의식해서 외우지 않는 한 방법이 없다. '외국어는 좋아하지만 단어를 잘 못 외우겠어'라는 사람은 자신이 근면하지 않다는 것을 고백하고 있는 것이다. 그리고 자칭 '기억력이 나쁜' 사람이 자기가 좋아하는 경마로 화제가 바뀌면 발음하기 어려운 말 이름뿐 아니라 말의

혈통, 경력, 소속 회사명에서부터 말이 달리기 어려운 마장에서의 대응능력, 나아가 기수의 성질까지 안 보고도 줄줄 외우고 있다. 기억력이 나쁘다는 것에 동의할 수 없는 이유다. 필요한 것은 초만원 전철 안에서도 ○이나 △이나 ◎의 기호가 의미하는 바를 필사적으로 학습하는 그 열의다. 단어 공부에는 그 부족한 열의가 문제인 것이다. 그리고 그렇게 붐비는 전철 안에서도 빨간 연필을 가지고 중요한 포인트를 구별한다는 효과적 학습을 단어 공부에서만은 사용하지 않는다는 사실이다.

내가 존경하는 R선생님은 고희 축하연을 수 년 전에 하시면서 과연 기억력이 쇠퇴했다고 털어놓게 되셨지만 한편으로는 "기억력의 저하는 어쩔 수 없다. 하지만 학습 목적은 명확히 의식하고 있고 반복하는 것만이 쇠퇴한 기억을 보완해줄 유일한 방법이다"고 말씀하시며 그대로 실행하고 계신다. 단어 공부에는 이런 정신력이 필요하다. 이 점에 대해서는 다음의 라틴어 격언이 모든 것을 말해준다. Repetītiō est māter studiōrum(반복은 학습의 어머니다).

우선은 1,000 단어를 외운다

슬슬 실제적인 방법에 대해 설명하지 않으면 양두구육羊頭狗肉이라는 비판을 면하기 어려울 것 같다. 그러나 솔직히 말해 특효약은 없다. 치료라는 것은 본시 나으려는 환자 본인의 의지에 대해 의사가 도움을 주는 차원에서 투약하는 것에 지나지 않는다. 마찬가지로 단어를 늘리고자 하는 학습자 본인의 의욕이 가장 중요하며 그에 조언을 해줄 뿐인 것이 나의 역할이다. 따라서 단어증량제 같은 마법을 얻을 수 있을 것이라고는 기대하지 말아주길 바란다.

어떤 외국어를 습득하고 싶다는 욕망이 생겼을 때, 우선 그 욕망이 반드시 그렇게 하고 싶다는 충동으로 바뀔 때까지 기다리는 것이 첫 번째 작전이다. 그리고 그 충동에 의해 일단 무조건 닥치는 대로 1,000 단어를 외울 필요가 있다. 이 1,000 단어는 그 언어를 배우기 위한 입문허가증 비슷한 것이며 이를 손에 넣으면 도움닫기 성공으로 이륙이 무사히 끝났다고 봐도 무방하다. 만약 이 단계에서 실패했을 때에는 포기하는 편이 낫다. 날개나 바퀴가 부서진 채 날아오르려 하는 것은 애당초 무리다. 단, 같은 언어를 두 번째로 다시금 공략하는 것은 맨 처음 당시보다 훨씬 힘들다는 것은 미리 알아둘 필요가 있다. 한번 시작해서 중단한 경우, 그때까지 배웠던 지식은 두 번째에 도움이 되지 않을 뿐만 아니라 오히려 방해가 되기 때문이다.

1,000 단어를 기억하기 위해 사전을 찾아 외우는 것은 쓸데없는 짓이다. 사전을 찾는 것은 좀 더 나중 단계이며, 그 전에는 번역이 달려 있는 단어를 오로지 외우면 된다. 아무 단어나 1,000 단어를 외우라는 소리는 아니다. 외울 단어를 어떻게 고를지는 이미 앞서 언급했지만 만약 좋은 교과서나 자습서라면 거기에 이 1,000 단어가 포함되어 있어야 한다. 필요한 것은 단어를 외우는 것이지 사전을 찾는 것이 아니다. 그리고 단어를 확실하게 기억하기 위해서는 그 단어를 써가며 학습할 것을 권장한다. 이 단계에서는 이치를 따지기보다는 오로지 외울 뿐이다. 그 언어를 반드시 자기 것으로 하고 싶다는 충동력을 에너지원으로 삼아서, 그 에너지가 다 타오르기 전에 1,000 단어를 돌파해야 한다. 따라서

1,000 단어를 습득할 시간은 짧지 않으면 안 된다. 그러므로 새로운 언어를 배우려면 충분한 시간을 낼 수 있을 때 계획을 잘 짜서 진행할 필요가 있다.

만약 1,000 단어를 자신의 것으로 할 수 있다면 해당 언어의 단어 구성을 자연스럽게 이해할 수 있게 되고 1,500 단어로 늘리는 데는 맨 처음 1,000 단어를 외웠을 때의 절반보다 훨씬 적은 에너지로도 충분하다. 그리고 1,500 단어를 외울 수만 있다면 더 이상 속도가 떨어지는 일은 없다. 단 1,000 단어든 1,500 단어든 정확하게 외우고 있어야 한다. 애매하고 어설프게 외우는 것은 의미가 없다. 확실히 외운 500 단어가 불확실하게 외운 2,000 단어보다 해당 언어를 습득하는 데 훨씬 효과적이다.

습득 단어 개수의 최대 목표를

언어라는 것은 이 세상에 존재하는 기호 체계 가운데 단연코 가장 기호의 수가 많다. 따라서 이 수많은 기호들(여기서는 단어들)에 어떻게 대처할까 하는 것은 중요한 문제가 아닐 수 없다. 해당 언어의 어휘를 전부 알고 있다면 분명 가장 좋겠지만 모국어인 일본어도 끊임없이 새로운 단어나 표현을 접하게 되는 법이기에 그런 이상적인 상황은 감히 꿈꿀 수도 없다. 그렇기 때문에 단어 수의 제한이라는 문제가 부각된다. 스스로가 이 외국어에서 몇 단어를 외울지 정해야 한다. 결승점이 없는 것처럼 보였던 단어 습득 과정에 여러 관문을 만들고, 그 하나하나의 관문을 결승점으로 간주하여 그것을 돌파했을 때 성대하게 축하할 필요가 있다.

소설이나 시를 즐기고 회화도 가능하며 해당 언어로 편지나 논문도 작성할 수 있으려면 최저 4,000 단어에서 5,000 단어가 필요하며, 3년에서 4년의 학습 시간을 요한다. 5,000 단어를 넘어 6,000 단어, 7,000 단어, 8,000 단어……로 늘리는 것은 그 분야의 프로 이외에는 필요치 않다. 아무리 외워도 끝이 없는 단어 학습에는 어떤 표준이라는 것이 필요하다. 사용하지도 않을 단어를 무리하게 암기하는 것은 난센스일 뿐이다. 만약 계속 사전을 찾아가며 해당 언어로 작성된 텍스트를 읽고 싶은 거라면 2,000 단어에서 3,000 단어로 족하다. 여기까지 외우면 그 언어에 관해서는 일단 '완료'다.

단어 습득의 두 번째 포인트는 해당 언어를 어느 정도로 구사할 것인가에 따라 습득해야 할 단어 수를 미리 정해놓고 그것을 돌파할 때마다 축하를 해가면서 목적 달성의 기쁨을 맛보고 그 실감을 다음 에너지로 바꾸어가는 것이다.

사용 빈도수가 높은 단어부터

다음으로 어떠한 단어를 외워야 하는가의 문제로 넘어가고자 한다. 하나의 언어가 가진 막대한 분량의 단어 하나하나는 결코 비슷한 중요성을 가지고 있지 않다. 어떤 단어는 자주 나오지만 어떤 단어는 거의 나오지 않기 때문이다. 우리들은 학습에 임해 자주 나오는 단어(언어학적으로 말하자면 사용 빈도수가 높은 단어)부터 외워야 한다.

언어학 지식이 가르치는 바에 의하면 언어에 따라 다소 차이는 있겠지만 대체적으로 어떤 언어로 된 텍스트(글로 작성된 자료)든 텍스트의 90%는 3,000 단어를 사용해서 완성된다. 즉 3,000 단어를 외운다면 텍스트의 90%는 이해할 수 있다는 말이 된다. 그리고 남은 10%의 단어는 사전에서 찾으면 된다. 이런 정도라면 절망적이지 않다. 빈도수 순으로 5,000번째부터 6,000번째까지의 1,000개의 단어를 외워본들 전체의 이해 범위는 고작 몇 퍼센트 올라갈 뿐이지만 빈도수가 높은 단어를 1,000 단어 외우면 이해할 수 있는 범위가 순식간에 넓어지게 된다. 가장 중요한 것이 맨 처음에 외울 1,000 단어인 것이다.

맨 처음에 외울 1,000 단어로 평균 60%에서 70%의 말을 알 수 있게 되며 그 후 점차 서서히 90%에 다가가는 것이 보통이다. 물론 언어에 따라서는 프랑스어 구어체처럼 1,000 단어로 90%를 넘는 것도 있는가 하면 일본어처럼 10,000 단어로 90%에 달하는 언어도 있다. 이것은 선택된 어휘가 복수의 의미를 가지고 있거나, 하나하나의 단어 뉘앙스에 다채롭게 단어를 사용하고 있는지의 여부에 따라 달라진다.

인도의 뱀 이름을 외워본들

만약 신이 언어를 만들었고 해당 언어의 어휘가 모두 다 동일한 빈도수를 가지고 있었다면 그 언어의 습득은 현존하는 자연 언어의 습득보다 훨씬 더 어려웠을 것이다. 예를 들어 해당 언어에 50,000 단어가 있다면 5,000 단어를 외워본들 10분의 1밖에는 이해할 수 없기 때문이다. 그러나 자연 언어에서는 끊임없이 반복

되는 극히 소수의 단어를 중심으로 약 3,000 단어만 익히면 거의 90% 가깝게 이해할 수 있기 때문에 500, 1,000, 1,500, 2,000, 2,500, 3,000…… 이렇게 외우는 단어 개수가 많아질 때마다 이해할 수 있는 텍스트 양은 훨씬 많아질 것이다. 나머지 10%는 기꺼이 사전을 찾아보겠다는 자세로 임하면 어떨까. 어차피 모든 단어를 모조리 다 외우는 것은 거의 불가능에 가깝고 빈도수 3,000번째 이상의 1,000 단어를 외운다 해도 이해할 수 있는 퍼센티지를 눈에 띄게 끌어올리는 것도 아니기 때문이다. 극히 보통의 외국어 습득이라면 '이것으로 한 건 완료'로 간주하고 싶다. 다시금 말하지만 이 3,000 단어는 빈도수가 높은 것이어야 한다.

'코난 도일Arthur Conan Doyle의 『얼룩 무늬 끈』을 한번 읽어봐. 재미있어서 자기도 모르게 영문판으로도 읽어버릴 테니까'라는 권유에서 외국어 습득의 힌트를 살펴보자면, 텍스트의 재미가 중요하다는 점에서 평가할 만한 힌트지만 평생에 두 번 다시 접할 일 없는 인도 뱀의 이름 따위가 많이 나온다는 점은 좋지 않다. 몇 년에 한 번밖에는 볼 수 없는 단어를 외국어로 외운다는 것은 기억에 부담만 줄 뿐 얻는 바는 거의 없다.

독자 분들은 그다지 의식하지 않을 테지만 일본어를 읽고 있을 때도 모르는 단어는 항상 나오기 마련이다. 하지만 필요가 없을 때는 그냥 건너뛰고 읽고 있다. 신문의 구석구석까지 읽고 그 안에 모르는 단어가 10개 이하인 사람은 오랜 세월 신문 편집을 담당해 온 베테랑 기자거나 신문사 시험을 준비하고 있는 대학생 정도다.

예를 들어 극히 일부의 잘 알려진 것 이외의 fauna & flora(동물·식물) 관계의 단어는 사전에 맡기면 된다. 우리의 엄선된 외국어 어휘 중에는 해달, 바다코끼리, 바다사자, 물개는 없어도 되며 야고, 거머리말, 개불알풀, 말굽버섯도 없는 것이 정답이다.

외워야 할 단어, 사전에 맡길 단어

여태까지 무조건적으로 빈도수가 높은 단어를 외우도록 강조해 왔는데 이것만으로는 독자 분들도 왠지 좀 불안할 것이다. 그래서 어휘라는 것의 존재 양식에 대한 연구 성과를 제시하여 단어 선택의 하나의 지침으로 삼고자 한다. 여기서 소개할 연구는 하야시 시로林四郎가 일본 신문의 어휘에 대해 연구한 논문을 미나미 후지오南不二男가 『현대 일본어의 구조現代日本語の構造』(다이슈칸쇼텐大修館書店, 1978년) 안에서 간략히 소개한 것에 의거하고 있다(아울러 말하지만 이 미나미의 책은 일본어를 이해하는 입문서로서 매우 좋은 책이다). 그에 의하면 일본 신문의 어휘는 단어가 나오는 분야와 그 분야 내의 빈도수에 의해 네 가지로 분류된다. 첫 번째는 넓은 분야에 나오고 빈도수가 높은 것(A), 두 번째는 넓은 분야에 나오지만 빈도수는 낮은 것(B), 세 번째는 좁은 분야에 나오지만 빈도수가 높은 것(C), 네 번째는 좁은 분야에 나오며 빈도수가 낮은 것(D)이다.

장르의 범위		
	넓다 ←——→ 좁다	
높다	A	C
낮다	B	D

(빈도수 ↕)

이 연구는 신문에 나오는 어휘를 대상으로 행해진 것인데 그 결과는 한 언어의 어휘 그 자체의 존재 양식과 비교해서 큰 차이는 없을 것으로 생각된다.

이 그림에서 A는 외우지 않으면 안 될 단어, D는 사전에 맡길 단어라는 말이 된다. 문제가 되는 것은 B와 C이다. 집필자의 추정에 의하면 B에 속하는 어휘는 일반적인 의미를 가지며 기본구조와 관련되어 있는 단어들, C는 고유 분야와 관계있는 단어들로 파악된다. 이 추정은 정확하다고 생각되며, 그렇다면 B는 외워야 할 단어 쪽에 속한다. 즉 A 다음으로 B를 외우도록 한다. 그리고 C는 자신에게 필요한 분야의 것만 외우고 그 밖의 것은 D와 마찬가지로 간주한다. 바다사자나 물개는 이 분야 연구자에게는 C지만 그 밖의 사람에게는 D가 된다. C는 텍스트를 고르는 방식에 따라 크게 바뀐다.

빈도수의 데이터가 있다면

어느 범위의 단어를 외우고 어느 단어를 패스해야 하는가. 이에 대한 가장 확실한 기준은 빈도수다. 그러나 이 빈도수에 대해서는 완성도의 차이는 둘째 치고 애당초 고작 20개 정도의 언어에서밖에 그 표가 존재하지 않는다. 따라서 단어의 빈도수를 알 수 있는 언어에서는 이것을 철저히 이용할 필요가 있다. 실제로 수험공부에서는 100% 이용되고 있으며 학습사전에서도 각각의 단어에 빈도수별 그룹 분류가 표시되고 있다.

예를 들어 1984년에 나온 『라이트 하우스 영일사전ライトハウス和英辞典』(겐큐샤硏究社)에서는 가장 중요한 1,000 단어에 ****, 그 다음 1,000 단어에 ***, 다음 2,000 단어에 **, 다음 3,000 단어에 * 표시가 달려 있기 때문에 ****과 *** 표시가 달린 단

어를 반드시 알아야 하고, **까지 알고 있으면 첫 단계는 끝나며 *까지 알고 있으면 아주 훌륭하고 아무런 표시가 없는 것은 그냥 사전에 맡기면 된다는 말이 된다. 단, 앞서 서술한 어휘의 네 가지 분류 중 A·B·D에는 이 * 표시의 유무가 잘 들어맞지만 C는 그 사람의 전공 분야와 관련 있기 때문에 이렇게 규칙적인 분류로는 적용되지 않는다.

빈도수의 표시 유무는 단어를 외우는 것뿐만 아니라 사전이나 교과서를 쓸 때에도 필요하며 교사에게도 필요하다. 여기서도 역시 외국어를 선택할 때 이러한 기본 데이터가 갖춰져 있는 유력한 언어를 학습하는 것이 유리하다는 것을 보여주고 있다. 그러나 사람에 따라서는 빈도수 데이터가 없는 언어라도 반드시 학습해야만 하고, 빈도수 데이터가 없는 사전을 이용해야만 할 경우도 있을 수 있다. 이런 경우에는 어찌하면 좋단 말인가. 실은 방법이 없다. 그러나 해줄 이야기가 전혀 없다면 『외국어 잘 하는 법』이라는 간판이 민망할 테니 적어도 하나 정도의 힌트는 제시해보도록 하겠다.

짧은 단어는 외우는 편이 좋다

다음에 제시한 단어들은 앞서 나온 바 있는 미나미 후지오 『현대 일본어의 구조』의 201페이지에서 202페이지에 걸쳐 수록되어 있는 예에서 발췌한 것이다. 거기에는 앞서 필자가 제시한 방식으로 말하자면 A와 B에 해당하는 단어표가 실려 있다. 그것을 바탕으로 더더욱 결과를 알아보기 쉽게 '동사', '형용사', '부사' 순으로 제시한 것이 아래의 리스트다.

A
〈동사〉 쏘다, 있다, 말하다, 되다, 하다, 닿다, 의하다, 가다, 가능하다, 대하다, 나가다, 듣다, 걸다, 오다, 보다, 가지다
〈형용사〉 없다, 많다, 같다, 세다, 좋다
〈부사〉 더욱, 잘, 특히

B
〈동사〉 계속하다, 다르다, 넣다, 이동하다, 나아가다, 지나치다, 맞이하다, 간수하다, 들어가다, 주목하다, 알려지다, 만들다, 설치하다, 내걸다, 보이다, 묻다, 사용하다, 두다, 서다, 그만두다, 포함하다, 성공하다, 나타내다, 끝나다, 허락하다, 남기다, 맞다, 살리다, 버리다, 세우다, 일어나다, 계속되다
〈형용사〉 적다, 나쁘다, 높다, 길다, 격렬하다, 어렵다
〈부사〉 다시금, 분명히, 어쨌든, 혹은, 지금부터, 항상, 매우, 좀처럼, 그토록, 그만큼, 구체적으로, 설령

이 리스트만 보고도 A와 B의 차이를 눈치챈 사람이 있다면 센스 있는 사람이다. 우선 A에 속한 단어에는 B의 단어보다 한자漢字가 적은 편이지만 여기서는 직접적인 관계가 없기 때문에 일단 넘어가고, 여기서 주로 문제 삼고 싶은 것은 A보다 B에 속한 단어 쪽이 평균적으로 길다는 사실이다.

이쯤에서 한 가지를 생각해내길 바란다. 영어에서도 독일어에서도 불어에서도 러시아어에서도, 인칭대명사라든가 수사의 하나에서 열까지라든가, 본래의 전치사라든가 하는 것들은 압도적으로 대부분이 단음절이다. 만약 여기서 '일본어의 〈와타쿠시ゎたくし(저, 나)〉는 단음절이 아니다'라고 말하는 사람이 있다면 "영어·독일어·불어·러시아어 등의 언어는 인칭대명사에서 문장의 주어 인칭과 수를 나타낼 필요가 있는 단어임에 반해 일본어에서는 필요할 때 이외에는 인칭이나 수를 드러내지 않기 때문이다"라고 대답하면 된다. 즉 빈도수가 높은 단어는 원칙적으로 짧은 법이다. 이렇게 보면 짧은 단어는 될 수 있으면 외우는 편이 좋다는 결론에 도달한다. 물론 단어 구조가 원칙적으로 모두 단음절인 언어(예를 들어 고대 중국어)나 단어가 모두 세 개의 자음이 기본이 되어 성립된 언어(예를 들어 아라비아어)라면 이런 결론은 무효가 되어버린다.

어휘에 관심을

언어에서 어휘가 가진 중요성을 반영하여 어휘에 대해 상당히 길게 언급했는데 이번 장 마지막 부분을 정리해보자. 우선 단어 학습의 경우 어떤 단어를 외울까 하는 문제로, 똑같이 3,000 단어를 외운 경우라도 어떤 3,000 단어를 외웠느냐에 따라 학습 효과에 큰 차이가 있다는 사실에 주목하고자 했다. 만약 당신이 배우고자 하는 언어에 단어 빈도수를 나타내는 자료가 있다면 그것은 반드시 확인할 필요가 있다. 그리고 자신이 앞으로 외울 단어를 체크해야 한다. 만약 그러한 자료가 없는 언어를 배울 경우에는 어떠한 성질의 단어인가에 따라 외울지 말지를 선택할 필요가 있다. 이때 대부분의 언어에서는 원칙적으로 짧은 단어가 빈도수가 높다는 점에도 주목해보자.

한 언어에 속한 모든 단어를 완벽하게 학습하는 것은 무척 어려운 일이기 때문에 어떤 단어를 외우고 어떤 단어를 적극적으로 패스할지의 판단은 중요한 문제다. 단어를 모른다고 지적당했을 때 A·B의 카테고리에 속한 어휘라면 바로 보완하고, C라면 판단을 하며, D였다면 빙긋 웃으며 마음속으로 '이 단어는 사전에게 맡기고 있습니다!'라고 대답하면 된다.

마지막으로 다시금 반복하지만 외국어 습득에 임하여 여태까지 어휘가 너무나 무시되고 있었기 때문에 좀 더 관심을 가질 필요가 있다. 어휘 습득에 좀 더 계획적으로 시간을 들여야 한다.

5

문법

'사랑받는 문법'을
위해서

인기가 없는 것은 부당하다

'문법이란 건 재미있지'라고 말하면 99%의 사람들은 의아한 얼굴을 할 것이고 많은 사람들이 적극적으로 이 말에 반론을 제기할 것이다. 그러나 '문법이란 중요하다'라는 말에 대해서는 굳이 이의를 제기하지 않을 것이다. 중요하다는 점은 인정하지만 인기는 없는 것이다.

여기서는 우선 문법이 얼마나 중요한가를 복습해보고 인기가 없는 것이 얼마나 부당한지를 설명해보기로 하겠다. 만약 필자에게 그 견해를 잘 증명할 수 있는 능력이 있다면 독자의 생각을 바꿀 수 있을 뿐만 아니라 문법이란 참으로 흥미로운 것이라고 생각하는 측의 아군으로 만들어버릴 수도 있을 것이다.

세상에 있는 어떤 언어도 단어가 없는 언어는 없는 것처럼, 그 단어들을 보다 큰 단위(예를 들어 문장)로 만들어내는 룰이 없는 언어 또한 없을 것이다. 그 룰(문법)의 존재는 세계적이다. 문법은 어떤 언어에서든 결코 빼놓을 수 없는 중요한 요소이며 이것을 터득하지 않는다면 외국어를 습득했다고 볼 수 없을 뿐 아니라 그 외국어 자체가 전혀 쓸모없어진다.

통하지 않았던 러시아어

우선 구체적인 사례를 하나 들어보겠다. 벌써 몇 년이나 지난 한참 전 일이지만 소련 선박이 동해 쪽에 있는 항구로 들어왔을 때의 일이다. 때마침 그 마을 취재를 하고 있던 방송국이 프로그램의 일부로 일본에 온 소련 선박 사람들을 스튜디오에 초대하여 환영 파티를 열었던 적이 있다. 그때 아나운서가 소련 사람들에게 "아이 선물로 무엇을 사셔요?"라고 질문을 했고 그 자리에 함께 있던 사람에게 통역을 의뢰했다. 러시아어를 배우고 있다던 그 사람은 아직 회화 경험이 부족한 사람으로 보였는데 어쨌든 이 질문을 '데띠 파다라크'라고 번역했다. 이것은 '아이들·선물' 정도의 말이다. 물론 러시아인들은 무슨 말인지 전혀 알 수가 없다는 표정을 지을 뿐이었지만 프로그램은 그대로 진행되었다. 당시 러시아인들이 이 말을 왜 이해 못 했는가에 대해 여기서 생각해보기로 하겠다.

애당초 러시아어에는 명사에 격변화란 것이 있어서 그 명사가 문장에서 어떤 역할을 하고 있는지 나타내고 있다. '아이들이, 아이들의, 아이들에게, 아이들을……'이라는 형태가 있어서 방점을 찍은 곳, 즉 조사에 해당하는 부분까지 하나의 명사로 나타내는 시스템이다. 따라서 만약 이 통역 담당자가 하다못해 '아이들에게'라고 말했다면 이야기는 어떻게든 통하지 않았을까 싶다.

"아이들에게·선물"
"네"
"무엇을"
"트랜지스터 라디오"

라는 정도의 전개가 이루어졌을 것으로 생각된다. 그러나 '아이들'의 격이 기본형 혹은 주격을 나타내는 격이었기 때문에 이처럼 너무나 간단한 회화마저도 통하지 않은 채 끝나 버렸던 것이다. 이 일화는 러시아어처럼 격변화가 있는 언어에서는 문법을 제대로 파악해두지 않으면 말이 거의 통하지 않는다는 사실의 좋은 예라고 할 수 있다.

한문——단어가 변화하지 않는 언어

당연히 어떤 언어든 관계를 나타내는 것이 형태로 표현된다고 말하는 사람도 있을 것이다. 그런 사람에게는 단어가 전혀 변화하지 않은 채, 하나의 단어는 하나의 형태만 가지고 있는 언어도 있다는 사실을 알려주자. 한문이 바로 그런 예 중 하나다. 한문에서는 하나의 단어가 원칙적으로 한 글자로 표현되고 있기 때문에 두 개의 문자가 있다면 두 개의 단어를 나타내고 있는 것이 된다. 그리고 그 두 단어끼리의 관계는 형용사와 명사의 구성으로 수식과 피수식을 나타내는 경우가 있는가 하면, 명사와 동사의 구성으로 주어와 술어를 나타내는 경우도 있고, 동사와 부사의 관계일수도 있는 등 실로 다양한 관계를 보여주고 있다. 그러나 이 두 단어는 모두 변화하지 않은 채 각각의 단어가 가지고 있는 의미와 어순만이 두 단어의 관계를 나타내는 열쇠라고 할 수 있다.

이 점에 대해 좀 더 상세히 알고 싶은 사람에게는 한문에 관한 명저로 명성이 자자한 오가와 다마키小川環樹·니시다 다이치로西田太一郎의 『한문입문漢文入門』(이와나미 전서岩波全書, 1957년)을 추천한다. 특히 맨 처음 십 몇 페이지를 읽어보라고 권하고 싶은데 거기에는 어떤 조합이 있을 수 있는지 명쾌하게 쓰여 있다.

즉 러시아어, 라틴어, 그리스어 등에는 문장을 구성하는 구조에서 중요한 역할을 하는 '격변화'라는 것이 있는데, 중국어는 그것을 표현하는 형식을 전혀 가지고 있지 않다. 어떤 언어에서는 불가결한 것이 다른 언어에서는 존재하지 않을 수도 있는 것이다. 그렇다고 해서 중국어가 불완전한 것도 아니다. 중국어도 러시아어와 똑같이 언어로서 완전한 형태로 그 전달 기능을 충분히 해내고 있다. 그렇기 때문에 중국의 장거리 미사일도 소련이나 미국의 미사일처럼 몇천 킬로미터 떨어진 목표를 명중시키는 것이다.

세계의 언어를 거시적으로 조망해보았을 때, 각각의 언어에 차이는 있겠지만 문법의 존재 양식은 어찌 이리도 다를까 싶을 정도로 모두 제각각이다. 바로 그 점이 문법의 묘미 중 하나라고 말할 수 있다.

룰의 의미에 눈을

여태까지 '문법'이란 단어를 확실하게 정의하지 않은 채 사용해왔는데, 대략적으로 말하자면 단어를 보다 상위 단위로 조립해가는 룰의 집합이라는 의미와 그것을 연구하는 학문이라는 의미, 이렇게 두 가지 정의가 있다. 학교에서 문법이라고 할 경우에는 후자를 가리키며 특히 규범 문법을 의미한다. 그리고 학교에서 배우는 문법은 그 언어에서 지켜야 할 규칙을 암기하는 것에 그치고 있다. 이런 문법 수업은 대부분의 사람들이 문법에 질리도록 만들어버린다.

문법 수업을 재미있게 할 수 있는 선생님을 만난 사람은 그 행운을 기뻐해야 마땅하지만 그런 선생님은 그다지 많지 않을 것이다. '메리는 책을 읽고 있습니다'라는 일본어를 영어로 번역했을 때 일본어의 '책을'의 '을'을 영어에서는 어떻게 표현하고 있는지 바로 설명해줄 선생님이나 일본어 활용과 영어 활용을 비교해가며 그 공통점과 차이점을 명확히 설명해줄 선생님을 만날 수 있었던 사람은 분명 문법에 흥미를 느꼈을 것이다. 그러나 실제로는 bad, worse, worst : go, went, gone 등을 무턱대고 암기시킬 뿐 그 말들이 가진 진정한 의미는 설명하지 않기 때문에 재미없는 것이다.

자동차 운전면허증을 얻기 위해서는 교통규칙을 암기하도록 되어 있다. 이것은 사실 자동차 운전기술과는 무관한 것이다. 그러나 무사히 자동차를 운전하기 위해서는 반드시 필요하다. 교차로에서는 다른 차를 추월해서는 안 된다거나 일방통행 도로에서 후진하면 안 된다는 항목을 기억하는 것은 매우 무미건조하고 따분한 작업일 것이다. 단, 일단 여기서 시점을 바꾸어, 어떠한 룰을 만들어야 교통사고가 줄어들고 안전하고 순조롭게 차들이 다닐 수 있을까를 생각하는 사람, 바꿔 말하면 규칙을 만드는 사람의 입장에 서보면 이러한 규칙이 지닌 의미가 이해될 것이며 어떻게 해야 최고의 규칙이 만들어지는가는 순식간에 재미있는 문제로 인식된다.

문법도 이 규칙과 비슷해서 규범으로 정해진 것을 무턱대고 암기하도록 강요당하는 것은 재미없지만 자신이라면 이러한 식으로 기술할 거라고 생각하며 문법을 다시금 바라보면 순식간에 문법이 흥미로워진다.

통어론의 공통성, 형태론의 다양성

'문장을 만드는 규칙의 집합으로서의 문법이란 무엇인가' 하는 문제를 다시금 생각해보면, 문법에는 단어를 문장으로 조립하는 룰과 그 조립을 표시하기 위한 형태를 다루는 부분, 이렇게 두 가지가 있다. 전자를 언어학에서는 '통어론(혹은 통사론)' 후자를 '형태론'이라 부른다.

통어론 쪽은 세계 언어를 거시적으로 살펴보았을 때 그다지 다양하지 않다. 대체로 어떤 언어에서든 주어, 술어, 수식어 같은 역할을 하는 단어가 있다. 단, 대부분의 언어는 주어와 술어를 항상 갖추고 있어야 하지만 술어만 있어도 완전한 문장을 만들 수 있는 언어도 상당수 존재한다. 또한 행위자가 항상 주격인 일본어, 영어, 중국어 같은 언어가 있는 한편, 자동사인지 타동사인지에 따라 행위자가 다른 격을 취하는 조지아어 같은 언어도 있다. 하지만 전체적으로는 그다지 다양하지 않다.

그러나 그러한 관계를 나타내는 형식은 실로 다양하다. 예를 들어 중국어 동사에는 하나의 형태밖에 없다. 일반적으로 품사 중에는 동사가 가장 많은 형식을 취하는데 유럽에 있는 인도유럽어 중에서 형태론이 가장 간단한 영어의 경우, 복합시제를 제외하면 가장 형식이 많은 동사로 여덟 가지(be, am, are, is ; was, were ; being, been), 가장 적은 동사로는 한 가지(must)밖에 없다.

하지만 한편에서는 동사의 변화형이 매우 다양해서, 널리 알려진 것처럼 불어나 라틴어나 고대 그리스어처럼 동사의 패러다임(변화표)이 있는 언어도 있는가 하면, 심지어 그 패러다임이 바로바로 쓸 수 없을 정도로 수많은 변화형을 가진 언어도 있다. 체코어의 어느 동사에는 복합형까지 포함하여 413개의 형태가 있다는 사실이 k.하우젠브로스가 편집한 『학교를 나온 후부터 배우는 체코어』라는 책에 나와 있다. 심지어 체르케스어라고도 불리는 아디게어에서는 동사 변화형이 놀랍게도 25억이나 존재할 수 있다고 한다. 이럴 경우 변화표를 쓰는 것은 거의 절망적이다. 그러나 그 일부를 살펴보면 이 언어에서 동사의 단어 형태는 한 가지 형태소로도 표시되어, 〈kIo〉는 '가다'를 의미하는데 실제 활용형에서는 주어·직접목적어·간접목적어를 나타내는 인칭의 접사, 수, 부정, 시제, 법, 다수의 어간형성요소——사역·태·가능·통합성·상호성·동시성·재귀성·장소 및 방향의 접두사·상황 및 서법의 소사小詞(인도유럽어의 문법에서, 부사, 전치사, 접속사, 감탄사 중 어형 변화를 하지 않는 단어를 통틀어 이르는 말—역자 주)·기타——가 포함된다. 그 결과 기능적으로는 문장과 똑같은 다형태소 동사복합체를 형성한다.

M.A.쿠마홉이란 사람이 제시한 예에 의하면 уакъɪдэсэлъэкIoнсьы이라는 복합체가 의미하는 바는 '너를 그와 함께 내가 반대로 이쪽으로 오게 만든다'이며——y(너를)a(그와)къI(이쪽으로)дэ(함께)cэ(내가)лъэ(시킨다)кIo(가다)нсьы(반대로)——, 이러한 하나하나의 요소가 들어가거나 나오거나 순서를 바꾸어 다시 집어넣거나 하는 것들의 합계를 내면 그 수가 막대해질 것을 예상할 수 있다. 또한 이 언어는 타동사와 자동사, 동태동사와 정태동사에서 완전히 다른 변화를 취한다.

어떤 언어를 배우고 있는데 그 문법을 모른다고 가정해보자. 그렇다면 단어의 의미는 아는데 전체의 의미를 알 수 없다는 말이 된다. 이것은 앞서 언급했던 것처럼 단어와 문법의 관계는 인간으로 말하자면 '피와 살'과 '뼈와 신경'의 관계 같은 것이라, 단어만 가지고는 살덩어리에 불과할 뿐이며, 뼈와 신경만 있어도 이미 인간이라 부를 수 없게 된다.

20세기 초, 아이누어 조사를 위해 홋카이도北海道로 간 긴다이치 교스케金田─京助가 개개의 단어를 알게 된 후 행한 작업은 이러한 상황이었을 것이다. 긴다이치가 저술한 몇 개인가의 언어 조사 에세이 중 아이누어의 동사 구조를 명확히 파악해가는 과정을 다룬 책이 있는데, '인칭대명사 일부가 동사 활용에서 반복된다'라는 단 하나의 사실을 알아차리는 데 얼마나 많은 고생을 했는지 상세히 묘사되고 있다. 문법이란 이러한 고생의 산물이며 동시에 힘든 고생을 면할 수 있게 해주는 무임승차권 같은 고마운 혜택이다.

마테지우스의 '문장의 기초와 핵심 이론'

외국어를 접했을 때 모어母語와 외국어가 어떻게 다른지 꼼꼼히 신경쓰는 사람에게 문법은 무척 흥미로운 분야일 수 있다. 하지만 문법 내용을 그냥 곧이곧대로 받아들이며 무턱대고 외국어를 이해하려는 사람에게 문법은 매우 지루할 것이다.

영어처럼 이미 상당부분 연구가 충분히 이루어져 있는 언어라도 어감이 탁월한 훌륭한 언어분석자의 손에 걸리면 지금까지 미처 깨닫지 못했던 일면이 선명하게 부각된다. 그런 일례를 살펴보도록 하자.

체코의 유명한 언어학자 V. 마테지우스Vilém Mathesius(기능주의적 통어분석으로 영어를 연구했으며 프라하 학파의 중심적 인물 중 한 사람—역자 주)가 그런 사람이다. 마테지우스는 1882년 출생해 1945년에 세상을 떠난 영어영문학자로 일반언어학자이기도 했다. 이 마테지우스는 1920년대에 눈에, 30년대에는 등골에 병마가 덮쳐 거의 실명한 데다 아예 드러눕게 되었다. 하지만 침대에 누운 채 계속 생활하면서 연구를 지속해 빛나는 업적을 남겼다. 그리고 현재의 용어로 말하자면 '대조언어학'에 해당하는 언어성격학의 일반이론을 만들어냈고, 언어연구에서의 기능주의적 관점의 중요성을 주장했다. 특히 통어론의 기능주의적 관점을 통해 발견된 것이 '문장의 기초와 핵심 이론'이라 불리는 이론이다.

마테지우스의 이론을 『젊은 문헌학 연구자를 위한 백과사전』(모스크바, 1984년) 중에서 요약한 I.I.코푸토노바에 의하면 '이것은 문장을 말의 제목을 나타내는 부분과 그 제목에 대해 서술한 부분, 이렇게 두 부분으로 의미상 분석한 것이다. 말의 발화란 회화체든 문어체든, 이미 알려져 있는 것, 말하는 사람에 의해 명명되거나 혹은 대화자 눈앞에 있는 것에서부터, 독자 혹은 이야기를 듣는 사람이 아직 모르고 있던 것으로 나아가는 사고의 움직임을 반영하고 있다. 말하는 사람의 사고는 기지旣知의 것에서 출발하여, 그 기지에 대해 말하고자 하는 방향으로 이행한다. 기지의 것에서 미지의 것으로 향하는 이런 과정은 인간의 사고 방법의 세계적인 특질이다.'

마테지우스는 자신의 모어인 체코어와 영어를 꼼꼼히 비교해가는 과정에서, 체코어에서는 주로 어순에 의해 나타나는 발화의 기초(기지의 것)와 발화의 핵심(미지의 것)의 구별이 영어에서는 관사 사

68

용이나 수동태 등에 의해 표현된다는 사실을 깨달았다. 즉 문장을 분석할 경우 여태까지 행해져 온 주어·술어·타동사·목적어……같은 문법적 분석 이외에, 기초와 핵심에 의한 분석이 가능하다고 파악하며 이 두 가지 분석 방법 사이의 관계에 대해서도 고찰을 거듭해가고 있다.

일본어의 '은/는'과 '이/가'

'문장의 기초와 핵심 이론'이 우리들의 흥미를 특히 끄는 이유는 무엇일까. 일본어에서 이런 구별을 할 수단은 체코어처럼 어순도 아니며 영어처럼 관사나 수동구문에 의해서도 아니다. 바로 '은/는は'과 '이/가が'의 구별이 비슷한 역할을 담당하고 있다는 점이다.

> Byl jednou jeden *král*.
>
> Once upon a time there was an *emperor*.
>
> 옛날 어느 곳에 한 사람의 왕이 있었습니다昔あるところに一人の
> 主様がいました.

라는 세 개의 문장을 비교해보면 이 문장은 기지의 것이 없는 옛날이야기의 도입부이기 때문에 '왕'이라는 새로운 정보가 느닷없이 튀어나오는 장면이다. 여기서 체코어로 král(왕)이라는 단어는 새로운 정보이기 때문에 앞서 살펴본 규칙대로 문말에 나오고 있으며, 영어의 emperor는 부정관사를 동반하고 있고, 일본어의 '왕' 뒤에는 '이/가'가 따라오고 있다(영어의 emperor가 문말에 온 것과 체코어의 král이 jeden이라는 '한 사람의'라는 부정관사 비슷한 '하나'를 나타내는 단어에 수식되고 있는 것은 필연적이지 않다. 아울러 체코어에는 관사가 없다).

> Ten (král) měl tři dcery.
> He had three daughters.
> 그 왕은 세 명의 딸을 두고 있었습니다その王様は三人の娘を持っていました.

이전 문장에 이어진다고 생각되는 위의 세 문장을 비교해보면 왕에 해당하는 단어는, 체코어에서는 ten(그를 의미하는 지시대명사)이 붙어져 있거나 그것만으로 사용되고 있으며, 영어에서는 인칭대명사 he로 대체되었고(대명사는 가리키기만 하는 단어이기 때문에 그게 누구인지, 앞에서 정보가 제공되지 않으면 사용할 수 없다), 일본어에서는 '은/는'이 나와 더 이상 새로운 정보가 아니라는 사실을 나타내고 있다. '그 왕은 세 명의 딸을 두고 있었습니다その王様は三人の娘を持っていました'란 다른 방식, 예를 들어 '그 왕에게는 세 명의 딸이 있었습니다その王様には三人の娘がいました'라고 표현해도 거기에도 역시 '은/는'이 끈질기게 따라오고 있으며 딸은 '이/가'라는 조사로 새로운 정보라는 사실을 나타내는 구조를 취하고 있다.

아울러 영어의 수동구문에 대해 한마디하자면

> Shigenobu Ôkuma established Waseda University.
> Waseda University was established by Shigenobu Ôkuma.

의 경우, 전자가 문법적 분석에 의해 주어·술어의 순서가, '기초와 핵심의 이론'에 의해 기지에서 미지로 향한다는 학설과 일치하고 있는 예이며 후자는 그렇지 않은 예다.

이야기가 그만 너무 복잡해져 버렸다. 문법의 묘미를 보여주고자, 훌륭한 어감을 가진 한 언어학자가 언어 속에 감춰져 있는 구조를 얼마나 날카롭게 구별해내는지를 설명하다 보니, 어느새 현대 언어학 분야에서 다루는 테마까지 늘어놓아 버렸다.

'공포의 문법'에서 '사랑받는 문법'으로

여담은 여기까지. 이쯤에서 다시 외국어를 배우려고 할 때 문법을 어떻게 익혀야 할지, 보다 실질적이고 절실한 문제로 되돌아가도록 하겠다. 여태까지 언급해왔던 것을 통해 문법이 얼마나 중요한지, 혹은 보는 시각을 바꾸면 얼마나 흥미로울 수 있는지 이해해주신 걸로 알겠다.

교과서 문법 중에 있는 수많은 표나 규칙은 그 외국어를 알기 위한 열쇠를 모아놓은 것이다. 일반 교과서에서 동사의 활용표, 명사의 곡용표가 검은 테두리로 강조되어 있는 것은 그 변화가 특히 중요하다는 것을 나타내고 있다. 그리고 실은 독자들에게 '이 중요한 변화를 외우지 않으면 당신이 습득하고자 하는 외국어가 검은 테두리를 두른 부고란 안에 들어가게 될 겁니다!'라고 경고하고 있는 것이나 마찬가지다.

문법 항목을 외울 때도 어휘를 암기할 때와 마찬가지로 가장 중요한 것부터 외우지 않으면 안 된다.

앞서 나온 J.토만 박사는 '얼마만큼 문법을 알아야 하는가'라는 항목에서 다음과 같이 말하고 있다.

'만약 문법 규칙을 모른다면 새로운 단어가 나올 때마다 그 단어가 어떻게 변화할지 모든 형태를 알아두어야 하는데, 이것은 실로 엄청나게 귀찮은 일이다. 그러나 감사하게도 여태까지 알려져 있는 단어는 문법을 바탕으로 연구가 이루어져 있어 어떻게 명사나 형용사가 곡용하는지, 어떻게 동사를 활용하는지, 어떻게 형용사나 부사가 비교급, 최상급을 만드는지 알 수 있다.

따라서 문법은 학생들이 외국어를 배우는 과정을 수월하게 만들어주는 참으로 고마운 업적인 것이다. 하나하나의 명사가 어떻게 곡용하는지, 하나하나의 동사가 어떻게 활용되는지 일일이 배우는 대신 어떤 한 예를 배우면 그것으로 충분하기 때문이다.'

여기서 J.토만 박사가 말하고 있는 것은, 예를 들어 중국어뿐만 아니라 기타 수많은 언어에는 해당되지 않겠지만, 이런 사실은 이 책을 여기까지 읽어온 독자 분들에게는 이미 이해가 되실 것이다. 하지만 적어도 유럽 언어에 관해 말하자면 그 말이 맞다. 따라서 문법 덕분에 소수의 예만 배우면 된다는 말이다. 문법학자가 미리 연구해준 기본적인 예를 외우기만 해도 충분하다면, 외국어를 배울 때 커다란 장애라고 일컬어지는 문법은 더 이상 장애가 아닌 것이 된다. 그리 된다면 불행하게도 99%의 사람들에게 오해받고 있는 문법은 '공포의 문법'이 아니라 '사랑받는 문법'이 될 터이다.

수단으로서의 문법

'그러나' 하고, J.토만 박사는 말을 잇는다.

'언어라고 하는 것은, 모든 단어를 몇 개의 기본적인 예로 분류하기에는 너무 다양하다. 만약 그런 시도를 한다면 문법학자는 기본적인 예 이외에 그다지 사용되지 않는 단어가 속한 예나 예외를 엄청나게 만들지 않으면 안 된다. 언어는 계속해서 분해되어가고 문법학자는 아무리 작은 예외도 놓치지 않으려 하기 때문이다.'

하나의 언어 구조를 철저하게 기술하고자 하는 것은 언어 전문가들에게 부과된 꿈이며 현재 이 꿈에 수많은 언어학자들이 매달리고 있다. 그 연구 결과물들이 외국어 습득에 과연 얼마나 도움이 될까 하는 것과는 별개의 문제다. 체코슬로바키아 아카데미가 편찬한 『체코어·러시아어 사전』은 두 권의 책자로 이루어져 있으며 6만 2천개의 단어를 다루고 있고 거기에 제시되어 있는 단어 변화에 관해 권말에 모든 변화표가 수록되어 있는 획기적인 사전이다. 그 사전에 의하면 체코어의 변화는 명사·형용사·수사·동사 등을 모두 포함하여 394 종류가 있으며 대형 판형에 빼곡히 인쇄된 상태로 120페이지가 넘게 기술되어 있다. 이러한 지식은 초급 외국어 학습에는 불필요하다. 한 마리의 바퀴벌레를 죽이기 위해 미사일을 발사하는 것과 마찬가지이기 때문이다.

외국어 학습에 필요한 문법은 수단으로서의 실용적 문법이다. 목적이 되는 학술적 문법과는 다르다. 문법은 어디까지나 보조수단이지 그 자체가 학습의 목적이 아니라는 것을 숙지해둘 필요가 있다. 완전한 문법 지식을 필요로 하는 것은 극히 일부의 전문가들이며 외국어 습득을 목표로 하는 수많은 사람들이 필요로 하는 것은 문법의 기초적 지식이다. 이런 기초적 지식은 모든 사람이 반드시 배워야 하며 이것 없이 외국어 학습은 불가능하다.

10페이지를 완벽하게 자기 것으로 한다

이쯤에서 무엇이 그런 기초적 지식에 속하고 무엇이 그렇지 않은가를 구별할 필요가 생긴다. 만약 얇은 학습서라면 기초적 지식밖에는 얻을 수 없을 것이고 두꺼운 학습서라면 큰 글자로 인쇄된 기초적 지식과 깨알 같은 글자로 인쇄된 그 외의 문법사항을 구별해야 한다. 검은 테두리 안에 들어가 있는 중요한 변화표는 반드시 외워야 한다. 한 권의 학습서 안에 포함된 변화표들을 모조리 잘라내어 종이에 빽빽하게 다시 붙여놓으면 대체로 10페이지 내외가 된다(물론 이것은 언어에 따라 다르다). 만약 독자가 숙달할 작정으로 마음먹고 있는 외국어의 커다란 골조가 10페이지를 완벽하게 자기 것으로 함으로써 가능하다는 사실을 알게 되면 틀림없이 누구든 용기가 솟구칠 것이다. J.토만 박사는 외국어를 학습할 때 과단위로 진행되는 학습과는 별도로 이 10페이지를 철저히 외울 것을 권장하고 있다. 그것도 맨 처음 1, 2개월 안에 말이다. 그리고 그 돌관공사(장비와 인원을 집중적으로 투입해 한달음에 해내는 공사—역자 주)는 몇 번이고 반복하는 것이 중요하다.

여기서 한 가지 구체적인 예로 독일어를 들자면, 정관사·부정관사와 그 곡용, 명사의 곡용, 대명사의 곡용, 수사(기수사), 동사(현재·과거·미래, 수동, 명령법, 접속법) 등이 그것이다. 대부분의 언어에서 동사와 대명사가 고비라는 말이 된다.

문법표를 바라보면 그 표에는 두 종류가 있다는 것을 알아차리게 된다. 하나는 표에 따라 변화하는 단어가 많은 표이고 또 하나는 한 가지 혹은 극히 소수의 단어가 속한 표로, 종종 불규칙변화라 불리는 표다. 전자의 변화는 규칙적이라 새로운 단어가 그 언어에 들어오면 그 표에 따라 변화하기 때문에 생산적인 타입이라 한다. 그에 반해 후자는 더 이상 그 표에 따라 증가하는 단어가 없는 비생산적인 타입이다. 그러나 이 비생산적인 타입의 표에 속하는 단어는 기본어휘로 빈도수가 높고 따라서 이 표도 중요하다고 할 수 있다. 독일어의 sein이나 haben, 불어의 être나 avoir의 변화를 하나하나 표로 확인하고 있어서는 안 된다.

문법이 인기가 없다는 오해를 풀고 문법이 사랑받을 수 있도록 하기 위해 좀 길어졌지만 이 글을 읽어주신 후 다소간이라도 문법 애호가가 늘어날 수만 있다면 다행이라 생각한다.

6

학습서

좋은 책의 조건은
이것이다

좋은 교과서·자습서란

외국어 습득에서 교과서나 자습서가 가진 의미는 상당하다. 하지만 그럼에도 불구하고 어떤 교과서를 고를지, 어떤 자습서를 사용할지, 거의 주의를 기울이지 않는다. 또한 교과서와 자습서는 어떤 것이 좋은 지에 대한 논의도 그다지 활발하지 않다. 사전과 비교해보면 교과서나 자습서를 한 권씩 꼭 갖추고 사용하는 사람의 수가 적기 때문에 그다지 주목을 집중시키지 못했던 것도 하나의 원인일 것이다. 하지만 외국어를 학습할 때 좋은 교과서나 학습서를 만난다는 것은 무척 중요한 문제라고 할 수 있다.

외국어를 할 수 있게 된 사람들의 이야기를 들어보면 종종 자신이 사용했던 책 이름이 거론된다. 그리고 그 책을 그립다는 듯 떠올리곤 하는데 심지어 요즘에 와서도 가끔씩 꺼내보고 있다는 말을 하는 사람도 있다. 그렇다면 애당초 좋은 교과서란, 혹은 좋은 자습서란 어떤 것을 말할까. 간단히 말하자면 해당 외국어 습득에 도움을 주는 서적들을 의미하겠지만 그것은 어떤 것일까. 이상적인 교과서, 이상적인 자습서란 무엇인지 이번 장에서 생각해보기로 하겠다.

케기와 맥밀란

이상적인 교과서나 자습서란 이상적인 학습법에 어울리는 것을 말하는데 이것은 일종의 토톨러지tautology다. 그러므로 구체적으로 어떠한 책이 좋은지 찾아보기로 하자. 우선 첫 번째로 어학 학습 시에는 교과서와 자습서 구별을 철저히 해두어야 한다. 교과서란 학교나 강습회에서 교사의 지도 아래 사용하는 책을 말하는데 교사가 설명하면 될 것은 굳이 적혀 있을 필요가 없다. 또한 작문에도 해답은 필요치 않다. 그러나 자습서는 제시된 텍스트를 읽기 위해 필요한 모든 정보가 있어야 하고 작문에도 정확한 해답이 실려 있지 않으면 그 기능을 다할 수 없다. 실제로는 영어처럼 이두 가지가 구별되고 있는 예는 그리 많지 않고 외국어를 배우는데 교사를 못 구할 수도 있으므로 자습서와 교과서를 겸비하고 있는 케이스가 적지 않다. 특히 희귀 언어를 학습할 경우 이런 케이스가 보통이다. 또한 대학이나 강습회에서는 학습시간이 부족하기 때문에 교과서 대신 자습서를 사용하는 경우도 자주 있다.

명저라고 칭송이 자자한 책들을 골라내어 그 공통된 특징을 조사해가면 어떻게 구성되어야 어학 습득을 위해 좋은 책일지 알 수 있을지도 모른다. 당연한 추리일 것이다. 그래서 어학과 관련하여 항상 좋은 조언을 해주시는 S선생님에게 "어떤 책이 어학 습득을 위해 좋은 책, 좋은 교과서, 좋은 자습서입니까"라는 질문을 드려보았다.

"흠, 명저 말이지? 글쎄…"라고 선생님께서는 잠깐 생각하시더니 "케기라든가 맥밀란 같은 거 아닐까?"라고 대답해주셨다. 케기란 Adolf Kaegi(저자명), 맥밀란이란 Macmillan(출판사명)을 말한다. 전자는 고대 그리스어, 후자는 라틴어 학습서다.

느닷없이 고대 그리스어, 라틴어가 튀어나온 것은 S선생님이 고전어 선생님이란 것도 그 원인 중 하나일 것이다. 애당초 고대 그리스어라든가 라틴어란 것은 현대어가 아니라서 언어가 변화하고 있지 않다. 때문에 지금도 같은 조건에서 이러한 언어들을 대상으로 한 교과서를 쓸 수 있다는 이점이 있다. 출판된 책들도 많기 때문에 그 가운데 끝까지 살아남은 것은 나름대로 장점을 가지고 있을 거라 생각한다. 어쨌든 이 두 가지 언어 연구는 중세 이후의 탄탄한 전통이 있으며 연구성과가 매우 축적된 분야인데 그 중에서도 특히 좋은 서적이라면 반드시 뭔가 힌트를 얻을 수 있을 것이다.

다행스럽게도 내 장서에 양쪽 책이 모두 있는데, Adolf Kaegi : Kurzgefaβte Griechische Schulgrammatik. Berlin, 1929(아돌프 케기 저 「간추린 그리스어 학교문법」 베를린, 1929년), Adolf Kaegi : Griechisches Übungsbuch I. Berlin, 1928(아돌프 케기 저 「그리스어 연습문제집·제1권」 베를린, 1928년), Adolf Kaegi : Griechisches Übungsbuch II. Berlin, 1932(아돌프 케기 저 「그리스어 연습문제집·제2권」 베를린, 1932년)과 Macmillan's Shorter Latin Course I. London, 1954; II. London, 1953(「맥밀란 간추린 라틴어 강좌」 제1권, 런던, 1954년. 제2권, 런던, 1953년)이다. 내가 소지하고 있는 양쪽 책이 각각 20판을 넘고 있는데 이는 곧 이 책들이 모두 명저라는 것을 증명한다.

두 권 모두 처음에 몇 가지 문법 항목을 습득하고 그에 관한 예문을 우선 외국어에서 모어로 번역하고 그 다음 모어에서 외국어로 작문하도록 하고 있다. 그리고 이 방침은 책의 마지막까지 유지되고 있다.

케기 쪽을 예로 들어보면 『연습문제집』각 과 앞부분에 해당 과에서 다룰 문법 항목이, '수동의 아오리스트Aorist(부정 과거)와 미래'라는 식으로 쓰여 있고, 동시에 '문법' 쪽에서 읽어야 할 항목이

지정되어 있다. 그 후 15문제 정도 그리스어 문장을 독일어로 번역하도록 되어 있고 아울러 독일어 문장을 그리스어로 번역하는 문제가 15문제 정도 제시되어 있다. 그리고 제1권, 제2권 각각 130페이지 정도 문제가 이어져 있다. 물론 각각의 권말에는 각 과마다 새롭게 나온 단어표가 번역과 함께 실려 있으며, 모든 어휘는 권말 용어해설 부분에 다시 나와 있어서 사전은 일체 찾을 필요가 없도록 구성되어 있다.

20여 권의 연습문제!

두꺼운 전화번호부처럼 빼곡히 채워진 연습문제에 도전할 수 있는 사람은 어지간히 의지가 강하고 목적의식이 확실한, 수도승 같은 생활도 견딜 수 있는 사람일 것이다. 나는 400문제 정도 예제를 풀 때쯤 좌절해버렸다. 나의 은사이신 S선생님은 이 두 권을 뗐다, 즉 마지막까지 다 해치웠다는 것이다. "나는 다 뗐다네"라고 말씀하시는 선생님의 존안을 경애하는 심정으로 우러러 보았는데 그 다음 선생님께서 말씀하신 이야기에 완전히 기절할 뻔했다.

이 케기의 문법에는 '간약簡約'이라는 말이 달려 있었는데 실은 케기에는 '간약'이 아닌 원전이 있으며 거기에는 20여 권의 연습문제가 실려 있다고 한다. S선생님께서 말씀하시기로는 "나는 안 했지만 H선생님은 그것을 떼셨다더군"이라는 것이었다. S선생님에게도 스승에 해당하는 H선생님한테는 나도 그리스어를 배운 적이 있는데 그 자그마한 체구 어디에 그런 에너지를 감춰두고 계신지 전혀 이해되지 않았다.

무엇보다 이 20여 권의 책을 끝마치면 종이에 쓰인 한 부분만 봐도 이것이 사포Sappho의 그리스어인지 루키아누스Lucianus의 것인지 플라톤Plato의 것인지 단박에 알 수 있게 된다는 것이다. 생각해보면 우리들도 누군가가 세이쇼나곤清少納言, 사이카쿠西鶴, 소세키漱石, 아쿠타가와 류노스케芥川龍之介, 오에 겐자부로大江健三郎의 텍스트를 보여준다면 구별을 할 수 있긴 하다. 따라서 이런 레벨, 즉 모어의 레벨까지 외국어 지식의 레벨을 올렸다는 말이다. 유럽 전통 대학의 '문헌학' 졸업 시험은 대부분의 경우 일부 텍스트가 제시되고 여러 가지 언어특징을 찾아내 그 텍스트가 쓰인 시대와 지방을 맞추는 것이기 때문에 이것이 전문가를 위한 레벨이라는 말이 된다. 그러나 생각해보면 이 과제를 모두 학습하는 것이 매우 힘든 일인 만큼, 이러한 책을 만든 사람이 있다는 사실 쪽이 오히려 경이롭다. 유럽 '문헌학'의 깊이에는 도저히 고개를 들 수가 없다.

고전어의 경우, 현대어의 경우

한편 케기나 맥밀란의 책을 보고 참고하는 경우도 있겠지만 모든 어학서가 이래야 된다는 것은 아니다. 우선 이 두 저서는 현재 더 이상 통용되지 않는 언어를 대상으로 하고 있기 때문에 음이나 음성에 관한 기술이 너무나 간단하다. 현대어에 대한 어학서는 음성자료의 발전에 따라 음에 관한 기술이 조심스러워졌다고는 해도 여전히 이 두 저서 이상의 설명을 필요로 한다. 또한 고대 그리스어나 라틴어는 이른바 굴절 언어로 명사든 동사든 무척 많은 변화형을 가진 말이기 때문에 이처럼 탄탄한 문법 연습이 필요한 것이다. 하지만 문법이 비교적 간단한 언어라면 이렇게까지 묵직한 책은 필요 없다.

케기 스타일의 중후한 어학서는 고대 그리스어나 라틴어 같은 고전어, 게다가 굴절 언어에만 있는 거라고 생각했는데 최근 그것이 실로 당찮은 착각이었다는 사실을 알아차리게 되었다. 요 몇 년간 캅카스 언어에 푹 빠져 있는데 특히 그 중심 언어인 조지아어 문헌을 뒤지다가 Kita Tschenkéli : Einführung in die georgische Sprache. Zürich, 1958(키타 첸케리 저 『조지아어 입문』 취리히, 1958년)을 접하게 되어 깜짝 놀랐다. 이 책도 두 권짜리로 각각 600페이지가 넘는 대작인데, '이론편'이라 불리는 제1권과 '실전편'인 제2권이 있고 거기에도 역시 막대한 양의 연습문제가 실려 있었기 때문이다. 이 책에는 각 과 신출 어휘가 각 과별로 제시되어 있다는 점에서 케기의 책보다 진보한 형태를 취하고 있는데 그 밖에는 거의 비슷한 구성이었다. 현대어에도 이러한 책이 있다는 것은 경이로움 그 자체였다.

어학서는 얇아야 한다

이상 살펴본 것처럼 '이 한 권만 떼면 그 언어를 완벽히 습득할 수 있다!'는 따위의 책은 여기서 추구하고자 하는 교과서나 자습서가 아니다. 현대인은 바쁘기 때문에 남아도는 시간을 오로지 외국어 습득에만 바칠 수 있는 행운아는 좀처럼 찾아보기 어렵다.

따라서 너무 큰 책은 안 된다. 어떤 이유로 특정 외국어 습득에 온전히 모든 것을 바칠 수 있는 사람은 매우 소수이며 지금 이 책이 고려의 대상으로 삼고자 하는 사람들도 아니다.

초보자의 어학 교과서나 자습서는 얇아야 한다. 어학 습득을 위해서는, '아아, 이만큼 끝났다', '여기까지 알았다', '한 고비 넘겼다'라는 것을 끊임없이 확인하고 다음 단계로 향할 수 있는 에너지를 얻을 수 있어야 한다. 날아오른 비행기가 너무 먼 다음 급유지 때문에 추락할 수밖에 없다는 건 도저히 용납할 수 없는 실수이며, 항상 여유롭게 다음 중계지에 도착해야 한다. 그처럼 다음 에너지를 순조롭게 얻을 필요가 있다. 특히 초급 어학서에 관해서는 'mega biblion-mega kakon(커다란 책은 커다란 악)'이라는 격언은 정확하다. 계속해서 새로운 변화를 느껴 절망하지 않도록, 처음에는 학습자가 목표에 이르기까지 어느 지점에 있는지를 확인할 수 있게 구성된 책이 필요하다. 산에 오를 때 정상이 보이지 않는 안개 속을 오르는 것과 정상까지의 거리를 알고 있는 상태에서 오르는 것과는 피로도가 다를 것이다. 어학 역시 마찬가지다. 17세기 체코 교육학자로 어학서 집필의 명수였던 얀 아모스 코멘스키John Amos Komenský(코메니우스Comenius-언어교수법, 특히 혁신적인 라틴어 교수법으로 저명-역자 주)도 '인간은 보이지 않는 한계에 공포를 느낀다'고 말하고 있는데 정말이지 그 말이 딱 정답이라고 할 수 있다.

예전에는 분량이 상당했던 어학서도 현재 점차 얇아지고 있으며 개중에는 거의 형태만 아슬아슬 남았을 정도로 얇아진 것도 있다. 너무나 얇아서 믿음이 안 가는 것도 곤란하지만, 한없이 세세히 파고들어 모든 것들에 대해 미주알고주알 쓰고 있는 만물상 같은 어학서가 점차 줄어들고 있다는 사실에는 기뻐하지 않을 수 없다.

재차 말하지만 어학서는 얇아야 한다. 특히 초보자를 위한 학습서는 반드시 그래야 한다.

빈도수가 높은 어휘들을 많이 수록한 책

다음으로 단어를 제시하는 방법인데 단어는 해석과 함께 각 과별로 제시하고 권말에 전체의 용어해설이 있는 것이 바람직하다. 교사 중에는 외국어를 배울 때 사전을 철저히 찾는 것이 중요하다고 강조하는 사람이 있는데 이것은 잘못된 주장이다. 마침내 수준 높은 문예작품도 읽을 수 있게 될 정도의 수준에 도달했다면 이 주장을 인정하지 않을 수 없겠지만 아직 초보 단계라면 단어는 우선 교과서나 학습서 등에 제시되어 있는 해석을 암기해야 한다. 무조건 단어 수를 늘려야 할 시기의 학습 단계에서는 단어를 찾는 것이 아니라 외우는 것이 더더욱 중요하다. 따라서 학습서는 그러한 구성으로 되어 있어야 한다. 케기나 첸케리처럼 지나치게 고급스런 어학서에서도 단어들에 대해 의미를 달아 제시하고 있다는 사실은 그에 대한 더할 나위 없는 증거다.

그리고 어학서를 고를 때는 그 안에 수록할 단어에 대해 충분히 배려하고 있는 교과서나 학습서가 좋다. 학습 초기의 신선한 뇌에 주입되는 것은 기본적인 어휘, 절대적으로 필수불가결한 어휘여야만 한다. 어학서를 만드는 사람으로서 나는 어휘의 빈도수 조사가 이루어진 언어에서는 최대한 빈도수가 높은 어휘부터 학습서에 넣고 싶다. 문법과의 관계도 있기 때문에 원활히 진행되리라는 보장은 없지만 이런 점도 배려하는 저자의 어학서가 좋다는 것은 명백하다. 훌륭한 저자는 반드시 이 의도를 학습서 서문에서 언급하고 있을 터이다.

중요성과 난이도——문법 항목의 배열

문법에 관해서 말하자면 중요한 항목을 먼저 중점적으로 암기시키도록 구성된 학습서가 좋다. 자잘한 예외적 사항과 기본적인 사항은 정확히 구별될 필요가 있다. 문법이 복잡하고 수많은 사항을 설명해야만 하는 외국어에서는 이 순서가 매우 중요하다. 그리고 이에 관해서는 사실 상당히 어려운 테크닉이 집필자에게 요구된다. 과거 모 어학서 시리즈 기획회의에 참가하여 20과로 정리하고자 하는 학습서를 어떻게 만들지 서로 이야기를 나누었던 적이 있다. 그때 어떤 집필 예정자가 각 과의 테마를 어느 외국어든 공통적으로, 예를 들어 제1과 '인사', 제2과 '학교'라는 식으로 미리 정해놓으면 어떻겠느냐고 제안했다. 하지만 문법 항목이 많은 언어의 집필 예정자는 이 제안을 받아들일 수가 없었다. 그러다 제안자가 문법항목이 적은 중국어 담당예정자라는 사실을 알고 참 답답했던 적이 있다. 설령 그것이 중국어에서는 가능하다 해도 형태론이 풍부한 언어에서는 어느 변화를 먼저 암기시킬까 하는 문제와 얽혀 있어 곤란하기 때문이다.

어떤 순서로 문법사항을 배열할지에 대한 또 하나의 포인트는 난이도다. 해당 문법사항이 아무리 중요하다고 해도 그 이유만으로 맨 먼저 그것에 대해 언급할 수는 없다. 학습의 기본 원칙의

하나는 '쉬운 것에서 복잡한 것으로'이며, 이것은 어학서에서도 지켜져야만 한다. 중요성과 난이도를 훌륭히 조합해서 학습서를 만드느냐의 여부는 학습서의 질을 결정하는 하나의 요인이 될 수 있으며 이 부분에서 저자는 그 수완을 발휘해야 한다.

반복해서 배우기 쉬운 어학서

어학서의 승패 여부는 담겨진 내용이 정확한가 하는 언어학적 기준으로만 판단되지 않는다. 우선 학습서에 쓰인 내용을 학습자가 잘 이해하고 기억할 수 있도록 해야 한다. 따라서 이러한 측면도 함께 평가해야 할 필요가 있다. 어학이 여타의 학습과 다른 점 중 하나는 바로 기억을 중요시한다는 점이다. 즉 반복 학습이 중요하다. 앞부분에 거론된 중요한 항목은 그 뒤에도 계속해서 책 속에 등장시켜 쉽게 기억할 수 있도록 구성해야 한다. 새롭게 나온 단어가 그 후 전혀 나오지 않는다면 독자들로서도 즐겁지 않을 것이다. 그러므로 그 단어를 다음, 혹은 그 다음 과에서 다시금 텍스트 안에 등장시킬 필요가 있다. 독자는 암기했던 단어가 다시 나왔다는 사실에 기뻐하며 그 기억을 강고히 할 것이다. 이러한 센스를 발휘해야 좋은 책이라 할 수 있다.

어학은 기억과 연관되어 있으므로 정기적인 반복, 학습이 중요하다. 그렇다면 그러한 요구에 부응하는 학습서도 각 과가 비슷한 시간에 소화될 수 있는 균등한 양으로 구성될 필요가 있다. 최근 들어서는 한 과가 4페이지, 혹은 6페이지, 라는 식으로 일정한 경우가 많다. 예를 들어 항상 왼쪽 페이지에서 시작되어 오른쪽 페이지로 끝나는 등의 배려, 정기적인 학습에 합당한 구성, 반복 학습이 가능한 교과서나 학습서도 많아지고 있다. 그러나 이러한 교과서나 학습서를 쓰는 것은 저자에게 많은 부담을 준다. 각 과마다 새로운 단어와 문법이 엇비슷한 분량으로 들어가 있어야 하기 때문이다.

일관된 테마로 이루어진 문장, 실용적인 문장

그리고 필자의 생각으로는 각 과에 실린 문장은 일관된 테마에 따라 엮는 것이 바람직하다. '정원에는 새가 있습니다. 지구는 둥글다. 내일은 좋은 날씨겠지요……'이런 식으로 서로 전혀 무관한 문장들로 구성된 교과서보다 하나의 테마로 일관된 교과서가 더 좋을 것이다. 특히 음성자료가 첨부된 학습서에서는 그 차이를 확연히 알 수 있다. 서로 무관한 문장들이 나열된 텍스트는 어떤 장면이 연상되지 않기 때문에 읽기 어렵지만, 하나의 테마로 일관된 문장들로 구성된 텍스트는 음성자료에 수록된 것들만 들어봐도 문장과 문장 사이의 흐름이나 감정의 움직임, 지문과 회화문의 톤의 차이 등, 교과서에 담겨 있지 않은 정보를 많이 얻을 수 있고 무엇보다 자연스러워서 좋다.

즉 문체론적으로 통일되어 있다는 이점이 있다. '정말 죄송합니다만 이것을 부탁드려도 될까요. 이봐, 이걸 하라니, 도대체가 말이지……'라는 식으로 문체가 통일되지 않는 외국어를 배우는 것은 좋지 않다. 당연한 이치일 것이다.

그렇기 때문에 예문은 그대로 실제 상황에서 사용해도 좋을 만한 문장만으로 구성되어 있어야 한다. 특정 문법 항목을 학습시키기 위해 무리하게 만든 문장은 곤란하다. '이것은 책상과 의자와 펜과 책과 잉크입니다'라는 문장 따위, 평생에 단 한 번이라도 입에 올릴 일이 과연 있을까. 그런데 그 학습서에서는 이런 문장을 심지어 의문문으로 바꾸라고 되어 있었다. 기가 막혀 잠시 입이 다물어지지 않았던 적이 있다.

최근 소련에서 나온 러시아어 초보 교재를 보고 있었을 때의 일이다. '이것은 생선입니까, 새입니까'라는 의문문이 있어서, 순간적으로 '러시아인들이여, 당신들마저?'라고 생각했다. 그런데 그 옆에 삽화가 달려 있었는데, 전람회에서 어떤 그림 앞에 서 있던 관람객이 추상화를 가리키면서 화가에게 묻고 있는 장면이 그려져 있는 게 아닌가. 나도 모르게 웃음이 나와 버렸고, '……입니까, 아니면 ……입니까?'라는 구문이 자연스럽게 외워졌다.

어학서는 이론적으로 아무리 완벽하게 만들어져 있어도 재미가 없으면 끝장이다. 그래서 요즘에는 일러스트나 사진을 넣는 등 여러 가지 방법을 고민하고 있다. 우선 텍스트가 흥미로워야 한다는 점이 중요하다. 어학 교과서 예문이 일반적인 대화 속에서 자연스럽게 나오는 재미있는 이야기라면 가장 베스트라고 할 수 있다. 재미있는 어학서를 쓴다는 것은 어학을 가르치는 입장에 있는 모두의 꿈이다. 그래서 경험이 풍부하고 노련한 어학서 편집자는 신인 저자에게 자연스럽게 "그렇다면 시험 삼아 맨 처음 세 과 정도 작성해 오세요"라고 한다. 그러나 이 세 과 정도가 가장 어려운 법이다. 맨 처음에는 사용할 수 있는 문법 사항도 단어도 한정되어 있다. 그 안에서 자연스럽고 이해하기 쉬우며 심지어 재미있기까지 한 텍스트를 쓸 수 있다면 그 저자는 이미 충분히 합격이다.

독자 분들이 무심코 접할지도 모를 어학서는 이런 여러 가지 과제를 안고 있으며, 저자들은 고민에 고민을 거듭하고 있다는 사실을 부디 이해해주셨으면 한다. 그리고 이러한 여러 가지 고민이 있다는 것을 알면 여러분께서 접하고 계신 어학서가 좋은 책인지 아닌지를 판단하는 기초가 될 거라고 생각한다.

'의욕만 있다면'

일찍이 『체코어 입문チェコ語の入門』(하쿠스이샤白水社, 1975년)이라는 자습서를 저술한 적이 있다. 지금까지 언급해왔던 것을 의식하면서, 있는 지식 없는 지식 쥐어짜며 썼는데, 출판된 후 살펴본 앞부분의 세 과에는 지금도 심리적 저항을 느낀다. 위화감 때문에 판형을 바꿀 때마다 손을 대야 할 부분이 발견되어 계속 식은땀을 흘리고 있다. 그리고 독자 분들에게 '당신 책에는 달의 이름 중 나와 있지 않은 것이 있다'라는 지적을 받고 찍소리도 못하게 되어버렸다. 요일 이름이나 춘하추동은 잘 넣었는데 빈도수, 빈도수 하며 너무 신경을 쓴 나머지, 상대적으로 빈도수가 적은 달의 이름을 누락시켜버렸던 것이다. 이로 인해 교과서를 만들 때 하나의 체계를 이루는 어휘는 빈도수라는 틀을 초월하여 학습서 안에 꼭 넣어야 한다는 교훈을 얻었다.

한편 이 이야기에는 후일담이 있다. 우연히 S선생님과 이야기를 나눌 기회에 이 말씀을 드렸더니 "자네 말이야, 좋은 사전이라느니, 좋은 학습서라느니, 신경들을 많이 쓰고 있지만서도, 후타

바테이 시메이二葉亭四迷며 쓰보우치 쇼요坪內逍遙며 모리 오가이森鷗外며, 좋은 사전도 좋은 학습서도 없었지만 그렇게 잘하지 않았던가. 그건 어떻게 된 영문이지? 의욕이라네, 의욕. 의욕만 있다면 문제가 되지 않아, 문제될 게 없단 말일세"라는 대답이 돌아와서 얼마쯤 상처가 아물었다.

7
교사

이런 선생님에게
배우고 싶다

선생님과의 만남이 전환점이 되어

외국어 습득에 있어서 교사의 역할이 얼마나 중요한가는 영어를 좋아하거나 외국어에 흥미를 가지고 있는 사람들 대부분이 중학교 내지는 고등학교에서 열성적이고 좋은 선생님에게 배운 경험을 가지고 있다는 것에서 분명히 알 수 있다. 특히 발음이 좋은 학생의 경우 대부분 발음이 좋은 선생님한테 배우고 있다. 외국어 학습 중 특정 선생님과의 운명적인 만남이 전환점이 되었다는 이야기를 종종 들을 수 있다.

'중학교 1학년 때 나를 영어의 세계로 이끌어주셨던 야마베 요시야山辺吉也(교육대부속중敎育大付属中) 선생님의 교육 방식은 탁월한 것이었다.

중학교 1학년 내내 선생님은 영어 독본을 거의 사용하지 않으셨다. 그 대신 선생님께서 매일매일 발음 기호만을 손으로 직접 필사하여 만드신 등사판謄寫板 종이를 배포하셨다. 알파벳은 3학기째 가서야 배웠다. 지금은 거의 기억이 나지 않지만 중학교 1학년 때는 발음기호로 읽는 것도 쓰는 것도 자유자재로 가능했다. 훗날 나도 교사가 되고 나서 곰곰이 생각해보니 매일같이 발음기호로 쓴 등사판 종이를 만드는 작업은 참으로 귀찮으셨을 것이다. 그 종이에 의지하여 교실에서 음독하고 회화도 배웠다. '이것이 책이다', '나는 사내아이입니다' 정도의 문장이었지만 이 학습법이 훗날 나의 영어 학습을 좌우했던 것은 분명하다. 큰 보탬이 되었다고 생각하며 다

시금 돌아가신 야마베 선생님에 대한 감사의 마음을 새롭게 한다.'

(나가이 미치오永井道雄『나의 외국어私の外国語』

주오코론샤中央公論社, 1970년)

'그토록 절실한 생각을 가지고 시작한 독일어 공부를 나는 어이없이 내팽개쳐 버렸다. 거기엔 크고 작은 몇 가지 이유가 있었는데, 작은 쪽 이유 중 하나로 외국어 초보를 이끌어주던 교사의 자질 혹은 가르치는 방식의 차이나 열의의 유무를 들 수 있다. 이런 점에서 독일어에서는 무척 불운했지만 불어에서는 실로 큰 행운을 만날 수 있었다.

(하야시 다쓰오林達夫『하야시 다쓰오 저작집6林達夫著作集6

-서적의 주변書籍の周囲』헤이본샤平凡社, 1972년)

선생님의 영향이 얼마나 큰지는 우리들처럼 평범한 인간뿐 아니라 현대의 지성을 대표한다고 평가되는 사람들에게도 마찬가지인 것이다.

나도 몇 분의 훌륭한 선생님을 뵐 수 있었기 때문에 이 장에서는 좋은 어학 교사란 어떤 사람을 말하는지 검토해보고자 한다.

학생들에게 의구심을 주지 않기 위한 대책

그 힌트 중 몇 가지는 조금 전 인용한 두 분의 말씀에도 이미 나와 있지만 여기서는 순서를 매겨서 차례대로 언급하기로 하겠다.

우선 어학 교사는 그 자신이 해당 언어에 능통하지 않으면 안 된다.

이렇게 말하면 너무 당연해서 새삼스러울 정도지만 일본의 현 상황에서는 반드시 이 조건이 온전히 충족되고 있는 것도 아니다. 해당 어학의 숙달을 평가하는 기준 중에는 우선 발음이 얼마나 좋은지를 들 수 있다. 좋은 발음을 가진 선생님에게 배운 학생이라고 반드시 좋은 발음을 하는 것은 아니겠지만 이 양자의 상관관계는 무척 크다고 할 수 있다. 전쟁 중 성장한 선생님들 중에는 젊은 시절 단 한 번도 네이티브 스피커의 발음을 들어본 적이 없는 분도 적지 않기 때문에, 이런 분들의 발음은 정말로 심각하다. 이 점에서 젊은 교사 쪽이 훨씬 좋은 환경에서 어학공부를 하고 있다고 볼 수 있으며 사실 이런 면에서의 진보는 세대에 따라 확연히 관찰되고 있다. 현재에는 학습 대상 외국어를 구사하는 사람과 접할 기회도 점차 늘어나고 있으며 다양한 음성자료 등도 보급되어 이런 점은 현저히 개선되고 있는 중이다. 하지만 대도시 이외에서 희귀 언어를 습득하려면 지금도 여러 가지 어려움이 있다.

좋은 어학교사에게 절대적으로 필요한 것은 학생에게 '이 교사는 능력이 없지 않을까'라든가 '틀린 내용을 가르치고 있지는 않을까'라는 의심을 받지 않는 일이다. 선생 입장에서 일단 이런 의심을 받으면 끝장이고 동시에 학생의 학습 역시 끝장이 난다. 나도 어떤 어학의 기본 과정에서 선생님이 잘못된 것을 가르치고 있다는 사실을 알아차린 후, 선생님이 무슨 말씀을 하실 때마다 지금 하고 계신 이야기가 맞을까 하는 의구심이 계속 머릿속을 떠나지 않아 끝내 해당 외국어 습득을 포기한 적이 있다. 하지만 어떤 선생님이든 해당 외국어를 완전히 알고 있을 리 만무하며 오히려 완전히 알려고 하는 것 자체가 애당초 불가능하다. 따라서 교사 측의 대책으로 두 가지 방법을 생각할 수 있다.

우선 자기가 그날 그날 가르칠 것을 미리 잘 이해해둘 것과 예상되는 질문에 충분히 대비해야 한다. 그리고 그래도 여전히 감당할 수 없는 질문이 나올 경우에는 솔직히 모른다는 이야기를 하고 네이티브 스피커에게 물어보든 사전이나 문법서를 찾아보든 해서 다음 시간까지 대답해주겠노라고 약속할 수밖에 없다. 이렇게 해서 신뢰관계를 쌓아두는 편이 훨씬 좋다. 알지도 못하면서 불충분한 답변으로 대충 얼버무려 신용을 잃는 편보다 이러는 편이 훨씬 낫다는 사실을 교사는 명심해둘 필요가 있다.

반대로 학생이나 수강생들도 네이티브 스피커가 아닌 선생님의 어학 지식에는 어느 정도 한계가 있다는 사실을 숙지할 필요가 있다. 'ㅇㅇ를 △△어로 뭐라고 합니까?'라는 질문을 자주 듣는데 기본적인 사항이라면 몰라도 그렇지 않은 것은 대답할 수 없는 경우가 보통이다. 특히 일본인이 즐겨 질문하는 식물명이나 동물명 같은 것들은 외국어 지식으로는 한계가 있으며, 그 이상에 대해서는 사전에 맡기면 된다. '갯버들 가지에 앉아 있던 호반새가 입에 물고 있었던 것은 민물 게였다'라는 문장을 즉석에서 외국어로 번역할 수 있는 어학교사가 있다면 반드시 찾아뵙고 그 노하우를 여쭈어보고 싶을 지경이다.

이러한 것은 flora(식물상植物相)이나 fauna(동물상動物相)뿐만이 아니다. 그 언어가 통용되는 나라에 오래 살지 않으면 모를 풍속이나 습관에 대해 그 나라에 가본 적도 없는 교사에게 물어본들 소용이 없다. '진심으로 삼가 명복을 빕니다'라는 상투적인 구를 그 나라 장례식에 가본 적이 없는 교사가 알고 있을 리 만무하고 '이번에 입선하신 것, 축하드려요'라는 구 역시 굳어진 표현으로 말해야 하기 때문에 비슷한 경험이 없으면 답변할 수 없는 사항이다.

교실에서든 강습회에서든 수많은 수강생 중에는 반드시 이러한 질문을 해서 교사를 곤혹스럽게 하는 사람이 있는데 이런 류의 질문은 백해무익하며, 특히 경험이 부족한 젊은 교사에게는 불쾌한 수강생으로 찍히기 십상이다. 게다가 교실의 다른 수강생들에게도 불편함을 주며 결국 질문자는 고립되어버리는 경우가 허다하다.

반면 계속해서 이어지는 어려운 질문들에 대해 노련하게 대처해가는 교사를 바라보고 있노라면 정말 기분이 좋아지기 마련이다. 모르는 것을 명확히 '모른다'라고 확실히 말할 수 있는 교사는 수많은 수강생들의 신뢰를 얻게 되는 것이다.

명쾌한 강의 이면에서는

나는 좋은 선생님들에게 여러 가지 언어를 배웠는데 특히 초보 문법이나 그 외국어의 전체상을 배우기 위해서는 일반언어학에 대한 소양이 있는 해당 언어의 어학 전문가가 좋다. 폴란드어를 가르치셨던 S선생님이나 한국어를 가르치셨던 R선생님, 헝가리어 담당이셨던 Y선생님의 강의는 실로 명쾌해서 선생님들께서 해당 외국어에 완전히 숙달되었다는 것이 일개 학생인 나에게도 아주 잘 전달되어 안심하고 배울 수 있었다.

또한 고대 슬라브어를 배웠던 프라하의 카렐 대학Charles University

안토닌 드 스타엘 선생님 같은 경우에는 "그 동사 기본형에 이 접두사가 붙는 예는 전부 다 해서 7례가 있으며 아오리스트(과거시제의 하나)가 4례, 분사가 2례, 명령법이 1례"라는 식으로 확실히 말씀하셨는데, 이것은 9세기부터 11세기까지 쓰인 상당한 양의 고대 슬라브어의 모든 텍스트를 완전히 마스터하고 계시기 때문에 가능한 설명이었다. 이러한 선생님에게 배울 수 있었던 것은 행운이라는 말 이외에 어떤 말로도 표현할 수 없는 일이다. 참고로 훗날 선생님에게 "고대 슬라브어 텍스트는 어느 정도 읽으셨습니까?"라고 여쭈어보았더니 선생님께서는 빙긋 웃으시며 "텍스트는 전부 10회 읽었고 그중 5회는 카드를 만들었지"라고 말씀하셨는데 이러한 기본적인 작업이 없었다면 '전부 다 해서 7례'라는 단정은 불가능했을 것이다. 아울러 선생님께서 쓰셨던 『고대 슬라브어에서의 상相의 체계 연구Studie o vidovém systému v staroslověn-štině. Praha, 1954』같은 명저도 태어나지 않았을 것이다.

혹시나 해서 부언하자면 이러한 발언이 가능한 것은 고대 슬라브어처럼 문헌 언어인 고전어의 경우만이다. 현재 살아 있는 언어에서라면, '푸슈킨의 전 작품 가운데'라든가, '루쉰魯迅의 『아Q정전』안에서'라는 식으로 어떤 제한을 달지 않으면 할 수 없는 말이다.

가르치는 방식이 탁월한 교사

훌륭한 어학교사의 두 번째 자격은 가르치는 방식이 탁월해야 한다는 것이다.

해당 언어에 관한 대단한 전문가라고 꼭 좋은 어학교사라고는 할 수 없음은 자명한 이치다. 넘쳐나는 지식을 가지고 있으며 그 것을 그저 바라보고만 있어도 즐겁다 하더라도 가르치는 방식이 능숙하지 못한 사람들은 적지 않다. 반대로 그다지 지식이 없지만 가르치는 방식이 탁월하여 평판이 좋은 사람도 있다. 한정된 지식 밖에는 없어도 그것을 논리정연하게 가르칠 수 있는 사람과, 대학 자이지만 방침이나 방법도 없이 가르치는 사람이 있다면 초급 어학 학습에서는 전자 쪽이 학생들에게는 도움이 된다. 무엇보다 중요한 것은 그 코스에서 무엇을 얼마만큼, 어느 정도의 기간 동안 가르칠 수 있는지, 확실히 이해하고 있는가 등이다.

따라서 어학 전공자들로 구성된 대학 수업과 문화센터 등의 수업은 여러 가지 면에서 달라야 한다. 문화센터의 경우 청강자의 소질이나 해당 어학 학습에 쏟을 수 있는 시간, 학습의 목적이나 열의가 제각각인 코스별 수업이기 때문이다. 좋은 수업의 기준은 수강자가 많고 출석률이 좋으며 학습자 수가 줄지 않는 수업이다. 특히 이 마지막 기준이 매우 중요하다는 것은 굳이 말할 필요조차 없다. 학점 취득이라는 지상과제에 따라 의무적으로 출석하는 대학 수업보다 자기 돈을 내면서 스스로의 의지로 다니는 문화센터 쪽이 교사 입장에서 더욱 어려운 수업임은 분명하다.

실은 잘 가르치는 방식에 대해서라면 나에게 그것을 논할 자격이 솔직히 없다. 따라서 이번 장은 이 책에서 다소 부족한 부분이다. 앞서 언급했지만 외국어에 능숙해지기 위한 방법으로는 말에 대한 이론인 언어학이나 학습 안에서 중요한 의미를 지니는 기억을 다룰 심리학, 교수법을 논하는 교육학 등 세 가지 기초가 필요하다. 하지만 나의 경우 첫 번째 기초인 언어학에 비해, 두 번째와 세 번째 영역은 고등학교 영어과 및 사회과 교원 자격증 취득을 위해 교과교육법, 교육심리학, 청년심리학 등을 배운 것 외에 필요에 따라 몇 권의 책을 읽은 것에 지나지 않는다. 그러므로 여기서는 더 이상 이 문제에 대해 깊이 들어가지 않고(들어가고 싶어도 들어갈 수 없는 실정이라, 이 분야 전문가의 책을 꼭 읽어주시길 바란다), 내가 실제로 받았던 수업에서 도용하고 있는 두 가지 테크닉에 대해 언급하는 선에서 끝마치기로 하겠다.

단어와 문법을 조금씩 확실히

그중 하나는 프라하에서 3년에 걸쳐 블라디미르 토그넬 선생님에게 배운 세르비아·크로아티아어 수업이다. 토그넬 선생님은 세르비아·크로아티아어와 체코어의 바이링구얼로서, 그것도 두 가지 언어를 거의 같은 수준으로 말씀하시는 좀처럼 보기 드문 협의의 바이링구얼이었다.

선생님은 각 학생들에게 단어장으로 쓸 작은 노트를 준비시켰다. 매 시간마다 처음에 그날 사용할 문법사항에 대한 짧은 설명이 있고 극히 소수의 어휘가 주어지고 나서 수업이 시작된다. 수업의 대부분의 시간은 모어를 외국어로 옮기는 번역에 할당된다. 우선 어휘를 기억하기 위한 짧은 단문이 반복적으로 할당되고 새로 나온 어휘를 기억했는지가 확인되면 그날 문법사항이 그 작문에 포함된다. 학생들이 단어에서 막히면 바로 작은 노트에 그 단어를 다시 쓰도록 요구하고 그 단어가 들어간 몇 가지 문장을 번역시킨다. 그 노트의 단어는 학기가 진행됨에 따라 한 사람 한 사람 다 달라지기 때문에 학생들을 상대할 때 각자 제출한 노트를 확인하면서 작문을 요구하신다.

수업은 매회 이러한 프로세스의 반복이다. 극히 소수의 단어(평균 약 20단어)와 소수의 문법사항을 배울 뿐 결코 앞으로 서둘러 나아가지 않지만 그때까지 배운 것은 확실히 익히게 하는 시스템이라 할 수 있다. 이런 식으로 계속 해나가도 될까 하는 불안을 느끼는 학생들에게 선생님께서는 "정말로 괜찮다!"고 보증을 해주시고 항상 비슷한 템포로 꼼꼼히 살피시며 진행하는데, 1년이 지나고 보니 이 수업에서 얻은 것이 가장 많았다는 사실에 놀라버렸다. 몇 년인가 훗날 유고슬라비아를 방문할 기회가 있었는데 슬로베니아어가 통용되는 지방에서 크로아티아어가 통용되는 지방으로 기차가 들어서자마자 역에서 울려 퍼지는 방송 내용을 이해할 수 있어서 나도 모르게 "토그넬 선생님, 감사합니다"라는 말이 입에서 튀어나왔다.

학생들에게 카드를 제출시키고

또 하나의 예는 고대 슬라브어의 세계적 권위 요제프 쿠르츠 선생님이다. 이 선생님은 대학자인 동시에 훌륭한 교사로 '선생님에게 배우면 성공한다'라는 평판을 받고 계셨던 분이었다. 그러나 한편에서는 그 엄격함도 유명해서 고대 슬라브어가 슬라브학에서 어떠한 의미를 가지는지 이해하지 못했던 학생이 선생님 시험을 매우 두려워하다가 최하위 점수로 겨우 합격되었는데, 그날은 그야말로 리오의 카니발 이상의 축제의 날이었다.

선생님은 수업이 시작된 날, 엽서 정도 크기의 종이에 성명·전공·주소·전화번호를 써서 제출시키는데, 이것이 향후 수업에서 중요한 역할을 했다. 우선 출석을 부르고 결석한 사람의 카드를 뽑아 그 뒷면에 해당 날짜를 쓴다. 그리고 남은 카드를 골고루 잘 섞어 뒤집은 다음, 수업에서는 그 순서대로 돌아가며 시키셨다. 한 바퀴 돌면 다시금 카드를 섞어서 학생이 자신의 순서를 예측하지 못하도록 한다. 모든 사람이 공평하게 순서대로 돌아가도록 배려하며 질문의 난이도로 학생들을 차별대우하는 일이 없도록 카드를 앞으로 넘길 때까지는 누가 나올지 모르게 뒤집어 놓는다. 그리고 질문에 대답하지 못하는 학생이 있으면 카드에 어떤 변화형에 약했는지 기입하고 다음 주에는 반드시 그것을 복습시키는 것이다. 이 간단한 방식을 나는 무단으로 빌려 쓰고 있는데 상당히 효과가 있는 듯하다.

열의, 그리고 지적 매력

좋은 선생님의 세 번째 자격은 가르치는 열의라고 해야 할지 그 선생님의 개인적 매력이라고 해야 할지, 이 선생님을 따라가지 않으면 손해를 볼 것 같은 기분이 들게 만드는 전인격이라는 것이 있다. 그 가운데에서도 초급 어학에서는 열의가, 중급에서 고급에 걸쳐서는 지적인 매력이 필요하다. 어찌하다 보니 여기서는 세 번째로 열거하고 있는 상황이지만 종종 이 세 번째 포인트가 학생이나 수강생에게는 결정적인 영향을 끼치며 경우에 따라서는 전공 어학의 변경마저 초래하기도 한다. 심지어 이 세 번째 포인트는 첫 번째, 두 번째 포인트와 모순되지 않고 오히려 공존하는 경우가 많다. 가령 첫 번째, 두 번째 포인트가 다소 불충분하더라도 세 번째에 언급했던 매력이 있는 선생님이야말로 학생들에게 배우고자 하는 의욕을 불러일으키는 진정한 선생님인 것이다.

대학교수와 비교하면 중고등학교 선생님들은 학습자가 개화開花하는 바로 그 순간을 눈앞에서 볼 수 없기 때문에 딱하다. 하지만 아직 쓸데없는 물이 들지 않은 상태의 학생들을 상대하기 때문에 그 책임감은 막중하다고 할 수 있다. 대학에 입학해서 영어나 기타 외국어에 대한 마음과 열의를 지닌 학생들 중 대다수가 중고등학교 시절 좋은 외국어 선생님을 만났다는 사실을 인정하고 있는 것이 그 증거다.

그러나 한편 대학교수 분들도 수동적인 입장으로만 있는 것은 아니다. 일전에 '제2외국어를 어떻게 가르쳐야 하는가'라는 좌담회에 출석했는데 불어를 가르치는 K선생님이라든가 독일어를 가르치는 T선생님이라든가 각각의 분야에서 저명한 선생님들이 초급 어학을 가르치는 일에 쏟고 계시는 열정에 깜짝 놀랐다. "학자 중에는 초급 어학을 가르치는 것에 대해 뭐랄까 얕보는 사람이 있습니다만, 저는 초급 어학이야말로 가장 중요하다고 믿고 있습니다"라고 열정적으로 말씀하셨는데 나도 이 주장에는 찬성이다. 그리고 약간 냉정해졌을 때 '커피를 드시겠습니까, 홍차로 하시겠습니까?'나 '테이블 위에 책이 한 권 있습니다' 같은 문장을 열성적으로 가르치시는 이런 분들의 에너지의 근원은 무엇일까 하는 생각이 언뜻 뇌리를 스쳐 지나갔던 것도 솔직하게 언급해두도록 하겠다.

나의 어학 에너지

교사의 매력이 발휘되는 것은 초급 어학에서만이 아니라는 것은 당연하다. 극히 짧은 기간 청강했던 세키구치 쓰기오関口存男 선생님(일본의 독일어 학자. 단기간에 독일어, 불어, 영어 등을 습득하였고 그리스어 라틴어 등에도 능통하여 어학의 신으로 불린다—역자 주)의 독일어 수업 등은 불가사의한 매력에 가득 차 있었고 와타나베 가즈오渡辺一夫 선생님(일본의 프랑스 문학자. 도쿄대학 교수—역자 주)의 프랑스 문학 등은 듣다가 나도 모르게 빠져들어 버리는 즐거움이 있었다. 쓰지 나오시로辻直四郎 선생님(일본의 고대인도학자, 언어학자. 도쿄대학 교수—역자 주)의 산스크리트 문법 시간처럼 '이것을 이름하여 은음斷音이라고 한다' 같은 명대사를 듣고 있노라면 마치 높은 자리를 올려다보고 있는 듯한 분위기였다. 이러한 선생님들의 말씀을 모두 숙지한 것은 물론 아니지만 넘쳐나는 인간적 매력이 나의 어학 에너지가 되었다는 사실만은 분명하다.

이 외에도 도무지 영문을 몰라하는 학생들을 상대로 헝가리 문학이 얼마나 즐거운지에 대해 열심히 말씀해주셨던 Y선생님, 뵐 때마다 뭔가 도움이 될 만한 자극을 주신 S선생님, 항상 격려해주시며 새로운 언어학 분야로 눈을 뜨게 해주셨던 R선생님 등, 내가 어학을 좋아하게 된 이유는 이렇듯 매력 넘치는 선생님들을 뵐 수 있었기 때문이다.

운명의 장난이라 해야 할지 이렇게 좋은 선생님들을 뵙게 되면서도 정작 내가 선택한 언어는 선생님들이 가르쳐주셨던 언어가 아니라 체코어였다. 이것은 대학에서 러시아어를 전공했고 러시

아어 문법이 불규칙한 이유를 알고 싶어서 러시아어 역사에 푹 빠져 버렸던 결과, 반드시 다른 슬라브어를 전공으로 삼아야 할 필요성을 느꼈던 것이 큰 이유였다. 이 점에 관해서는 간다 다테오神田盾夫가 저술한 『신약성서 그리스어 입문新約聖書ギリシア語入門』(이와나미 전서岩波全書, 1956년)의 '서문'에 나온 '필자는 어학 공부는 결국 그 역사적 연구로 나아가야 본격적으로 할 수 있다고 믿고 있다'는 말이 내 마음 깊이 큰 의지가 되었던 것을 잊을 수 없다. 지금도 기회만 있으면 나는 완전히 몰입해서 '안녕하세요! 어디가세요?' 같은 체코어 초급을 가르치고 있는데 이에 에너지를 주는 것은 얼마간의 물질적 보수 외에, 나를 매료했던 체코의 문화, 특히 멋진 언어학이나 차페크의 문학이다.

세 가지 조건

어떤 인간상이 어학교사에게 가장 어울릴까를 논할 예정이었는데 약간 탈선해서 내 이야기를 늘어놓아 버렸지만 여기서 다시금 이 장을 정리해보자.

어학교사에게 있어서 첫 번째 자격은 우선 그 나라 말에 대해 잘 알고 있어야 한다는 점이다. 교사의 외국어실력에 대한 학생 혹은 수강자의 신뢰는 수업이 성공하기 위한 필수조건이다. 따라서 교사의 실력에 수강자가 의구심을 가진다면 그 수업의 결과가 좋을 리 없고 수강자가 해당 외국어 습득에 실패할 확률도 높아진다.

또한 이 장에서는 논할 여유가 없었지만 교사의 일본어에 대해서도 한마디 해두고 싶다. '직역'이라 칭하는 번역의 보조수단이 일본어라고 착각하도록 훈련시키는 교사에게서는 우수한 번역가가 될 학생이 결코 나올 수 없다. 외국어 습득에서 일본어도 해당 외국어와 마찬가지로 하나의 언어이며 외국어를 갈고 닦는 것과 마찬가지로 일본어에도 충분히 신경을 쓰도록 만드는 것은 학습의 초기 단계부터 필요한 일이다. 이 점에 대해 충분히 배려하는 것도 어학교사에게는 중요한 포인트다.

두 번째로 어학교사는 가르치는 방식이 능숙해야 한다. 외국어에 대해 설령 아무리 능통하다 해도 그 지식을 학습자에게 전달하는 기술이 부족하다면 수업 내용이 잘 전달될 리 만무하다. 이 분야 연구는 진행되고 있기는 하지만 아직 불충분하다. 머지않아 일반적인 어학교과 교육법과 함께 개개의 언어 교육법이 확립될 것으로 생각된다.

마지막으로 어학교사에게 가장 중요한 것은 어학교육에 대한 열의와 학습자를 강하게 끌어당길 수 있는 매력적인 인간성이다. 이 점이 결여되어 있으면 교단에 설 자격이 없으며 오히려 이것만 있다면 때로는 어학력이 다소 부족하더라도, 혹은 가르치는 방식이 미숙하더라도 커버할 수 있다. 그만큼 중요한 자질이다.

즉 어학교사가 교단에 선다는 것은 어학이라는 기술을 가르치는 것만이 아니라 동시에 수강자로부터 전인격의 심사를 받는다는 것을 의미한다.

8
사전
자신에게 맞는
학습사전을

읽히지 않는 서문

모스크바 대학에서 출판된 그다지 크지 않은 갈색 표지의 책한 권이 있다. 이 책 이름은 『러시아어 연상 규범 사전』이라 한다. A.A. 레온테프Leont'ev라는 언어심리학자가 편집한 이 책을 열어보면 어떤 한 단어를 들었을 때 떠오르는 단어를 숫자가 많은 순으로 나열하고 있다. 예를 들어 '하얗다'라는 단어를 찾으면 그것에 대해 떠오르는 단어들이 순서대로 쭉 나열되어 있으며 그 숫자도 적혀 있다. '눈'이 168, '검다' 150, '색' 42, '빛' 29, '빵' 21, '곰' 19, '빨갛다, 집' 13, '토끼, 밝다' 10, '파랗다' 9, '맑다, 머플러' 7, '스카프' 6, '푸들, 사탕, 회색, 벽, 가운' 5, '고양이, 수탉, 꽃' 4,…등등.

요컨대 NHK 방송국 프로그램 중 하나인 '연상 게임'과 비슷한 것이다. 만약 이 게임에서 '외국어'라는 테마를 낸다면 '단어', '문법', '능통' 등의 단어와 함께 반드시 '사전'이라는 단어가 상당히 빠른 단계에서 등장할 것임에 틀림없다. 그리고 '영어 습득'이라면 바로 '영일사전' 같은 단어가 나올 것이다.

이처럼 사전이란 것은 의식 속에서 외국어 습득과 가까운 이미지다. 하지만 어떤 사전이 있는지, 그 사전이 어떤 목적에 따라 만들어졌는지, 어떤 식으로 사용해야 할지, 등에 대해서는 그다지 신중히 고려되고 있지 않다. 중학교 입학할 때 받았던 영어사전을 사용하고 있다거나 대학 입학할 때 받았던 독일어사전, 불어사전을 사용하고 있는 사람은 상당할 터이다. 그리고 사전을 능숙하게 사용하기 위해 반드시 읽어둘 필요가 있는 편집주간의 머리말, 편집 방침, 사용 방식에 대한 지시는 대부분 외면당하고 있다. 그

좁은 지면 안에 편집자의 피나는 노력과 그 결실을 담은 생각들이 응축되어 있는데도 말이다.

그 일례로 유명한 OED(옥스퍼드 영어사전) 서문을 들 수 있다. 이 서문은 그 자체가 훌륭한 작품이며 주간인 제임스 머레이James Murray 가 얼마나 탁월한 어휘학자였는지는, 언어의 어휘라는 것이 어떻게 언어 안에 존재하는가를 자연스럽게 보여준 서문 중의 그림(아래 그림)을 통해 잘 알 수 있다. 실로 훌륭히 그 모습이 드러나 있다.

기계적으로 나열하거나
애매모호하고 무성의한 사전 안내

사전은 누군가에게 얻는 것이 아니라 일단 자신이 직접 사야 할 물건이다. 앞서 언급한 바 있지만 로봇이라는 단어를 만들어낸 유명한 체코의 작가 카렐 차페크도 말하고 있듯이 '선물이란 것은 마치 하늘에서 떨어진 것처럼 상대방의 사정을 생각하지 않고 찾아오기' 때문에 좀처럼 받는 사람의 상황과 맞지 않기 마련이다. 상대방의 입장을 잘 이해해서 그에 합당한 사전을 선물해 주는 것이라면 불평할 수 없지만 그렇지 않으면 오히려 난감한 경우가 있다. 상대방에게 얼마만큼의 실력이 있으며 어떤 사전이 필요한지 꼼꼼히 따져본 후 사야 한다.

그렇다고는 해도 어떤 사전이 좋을지를 잘 판단하는 것은 그리 간단하지 않다. 그래서 선생님이나 선배들에게 묻거나 혹은 어떠한 사전이 좋은지에 대해 쓴 글을 읽기도 한다. 그런데 여기에도 여전히 또 다른 함정이 있다. 우선 그 사람이 사전을 잘 사용해서 이야기를 하고 있는지 여부를 반드시 확인해야 한다. 일본에서는 대중 앞에서 명확히 '이 사전은 좋지 않다' 등의 의견을 말할 수 있는 사회적 분위기가 아니다. 그래서 모든 것을 기계적으로 나열하거나 애매모호하고 무성의한 비평을 쓰거나 한다. NHK 어학 텍스트 등에 수록된 '어떤 사전을 사야 할까'라는 입문 안내 부분에서 뭔가를 탁 털어놓지 않고 감추는 듯한 말투를 쓰고 있는 것은 그 때문이다.

최근의 일인데 어떤 어학 잡지에 러시아어 사전에 대한 길잡이가 나와 있었다. 마침 필자와도 관련 있는 언어였기 때문에 살펴보았는데, 맨 첫 번째로 제시하고 있는 사전은 아무리 봐도 초보 학습자에게 어울리는 사전이라고는 볼 수 없었다. 이에 대해서는 놀랐다기보다는 기가 막혀 버렸는데 그 안내에는 '이 사전에는 어원이 달려 있기 때문에 좋다'라고 되어 있었다. 도대체 무슨 기준으로 초보 학습자에게 사전을 추천하고 있는 걸까.

어휘론의 연구대상

어떤 사전이 좋은 사전인지를 언급하기 전에 사전에 대해 무엇을 알고 있는지, 언어학에서는 사전에 대해 어떻게 생각하고 있는지를 대략적으로 조망하고 나서 그 다음으로 나아가고자 한다.

언어학에서 단어를 연구대상으로 하는 분야는 다양하지만 주로 단어에 대해 다루는 분야를 '어휘론'이라고 한다. 어휘론에서는 한 언어의 단어들의 총합인 어휘를 연구대상으로 삼는다. 그리고 언어의 기본적 단위로서의 단어 정의, 단어의 형식과 의미 관계, 단어 의미의 여러 가지 종류 구분 등을 연구한다. 그리고 현재 많은 연구자들의 주목을 모으고 있는 것이 '한 언어의 어휘는 어떤 구조를 이루는가' 하는 문제다.

여기에 나열된 딱딱한 항목들은 독자 여러분과 아무런 관계가 없는 것처럼 보일지도 모르지만, 천만의 말씀, 이 문제는 무척이나 우리 가까이에 존재하는 테마다. 예를 들어 '책상의 다리, 책상 다리, 가방의 끈, 가방끈' 중에서 어느 것을 하나의 단어로 파악하고 어떤 것은 하나의 단어가 아니라고 판단해야 할지, 바다에 사는 동물 '문어'와 하늘에 떠 있는 '연'(문어와 연은 동음이의어로 일본어로 모두 '타코タコ'라고 한다—역자 주)은 한 단어의 두 가지 의미인지, 각각 별개의 단어인지, 시계의 '태엽'과 산나물 '고비'는 또 어떤지(시계의 태엽과 산나물 고비는 모두 일본어로 '젠마이ゼンマイ'라고 표기한다—역자 주)······, 이런 식으로 문제는 얼마든지 있을 수 있다.

여러 가지 사전

사전과 직접적으로 연관 있는 언어학의 한 분야는 사전 편찬의 이론과 실제를 다루는 사전편찬학으로 'lexicography'라고 한다. 이 사전편찬학이 조금 전 언급한 어휘론과 밀접한 관계에 있다는 것은 말할 필요조차 없다. 사전편찬학의 이론에서는 사전을 여러 가지로 분류한다. 사전을 분류하는 주요 지표는 그 구성과 항목의 양으로, 그 외에 다루는 언어 개수에 의한 분류가 있다.

사전에는 말을 다루는 언어학적 사전辭典과 사물에 대해 다루는 사전事典이 있다. 출판관계자들은 귀로 들었을 때 두 가지 사전의 음이 같아 혼동이 생기므로 후자를 '사물 사전'이라고 부르며 구별하고 있다. 두 용어는 거의 동의어로 사용되고 있다.

사전事典은 사전辭典과 달리 단어를 설명하는 것이 아니라 개념을 설명하며 대상, 현상, 사건, 인물 등을 다룬다. 그중에서 가장 큰 것이 백과사전으로 종종 국가의 문화적 레벨을 나타낸다. 일본에서도 여러 가지 백과사전이 유통되기 시작한 것은 제2차 세계대전이 끝나고 상당히 시간이 흐른 후의 일이다.

전자와 대응하는 것이 언어사전으로 단어의 의미를 비롯해서 어휘 특징, 문법적 성질, 어원, 철자법 등 여러 가지 관점에서 단어들에 대해 기술한다. 또한 사전의 또 다른 관점을 취한 분류에 의하면, 한 가지 언어의 사전과 두 가지 언어의 사전(혹은 다언어)으로 구분된다. 국어사전은 전자이며 영일사전은 후자를 대표한다. 언어사전은 그 내용이나 과제, 기술 방법에 따라 단어의 내용을 설명하는 사전, 외래어사전, 어휘사 관련 사전, 어원사전, 방언

사전, 이음동의어사전, 동음이의어사전, 숙어사전, 악센트 사전, ……등이 한없이 많다. 이 하나하나가 흥미로운 테마지만 이 책의 본래 취지에서 다소 벗어나기 때문에 특정 어학 학습에 '필요한 사전'과 '재미있는 사전'에 대해 잠깐 짚어보고 본래의 이야기로 돌아가도록 하겠다.

필요한 사전, 재미있는 사전

필요한 사전이란 빈도수가 높은 사전을 말한다.

이 사전에는 어떤 언어에서 사용되는 어휘가 그 빈도 순으로 나열되어 있다. 최근에는 단순한 빈도수뿐 아니라 어디서 그 단어를 채취했는가에 따라 보다 많이 사용되는 분야를 명확히 제시한 것이나 어떤 사전에 나오고 안 나오는지를 나타낸 것 등, 매우 엄밀해지고 있다. 하지만 '어휘' 장에서 언급했던 것처럼 우리들에게 중요한 것은 빈도수가 높은 단어다. 이 사전 덕분에 우리들은 기본적인 정보를 얻을 수 있다. 물론 이 사전이 우리에게 주는 정보는 학습사전이나 학습서, 교과서에 이미 충분히 활용되고 있을 것이다. 학습이 어느 정도 진전된 후 한 번쯤은 자신이 배우고 있는 언어의 빈도수 리스트를 살펴볼 필요가 있다. 그러면 빈도수가 높은 단어 중에서 생각지도 못하게 자기가 모르는 단어가 나올 수 있다. 그것을 보완하는 것은 학습 진보에 크게 도움이 될 것이다. 훗날 학습이 상당히 진전되어 직접 학습서나 교과서를 쓸 기회가 왔을 때 빈도수 사전이 없다면 나침반 없이 항해를 떠나는 것과 마찬가지로 안심할 수 없다.

잠깐 딴 길로 샌 김에 재미있는 사전에 대해서도 약간 시간을 할애하고자 한다.

　최근 들어 세계 유력 언어에서 속속 완성되고 있는 사전에 역순사전이 있다. 이 사전은 언어사전이지만 의미가 쓰여 있는 것은 아니며 매우 독특하다. 일반 사전이 단어의 첫부분부터 a, aa, ab, aba, ..., x, y, za, zb, zx, zy, zz라는 식으로 단어가 나열되어 있는 데 반해, 역순사전은 a, aa, b, ab, bb, c, ac, bc, cc, ..., x, ax, bx, cx, y, ay, by, cy, z, az, bz, cz, xz, yz, zz, azz, zzz라는 식으로 단어의 끝에서 a, b, c 순으로 나열되어 있다. 이런 사전이 어째서 필요한지 의아해할 사람도 있을지 모른다. 하지만 영어·독어·불어·러시아어를 필두로 스페인어·폴란드어·체코어 등에서 속속 출판되고 있는 것을 보면 수요가 있는 것만은 분명하다. 실은 이 역순사전이 완성된 것이 최근의 일은 아니다. 옛날부터 시의 음운을 찾기 위해 만들어졌던 방식이다(중국 운서韻書는 그 가장 오래된 형태다). 최근에는 음운을 찾는 것만이 아니라 더더욱 넓은 사용법이 있다. 예를 들어 찢겨진 서류에 남은 문자들을 가지고도 그런 형태로 끝나는 단어가 얼마나 있는가를 순간적으로 찾아낼 수 있기 때문에 스파이 영화 한 장면에도 등장할 수 있고, 고고학 발굴에서 토기에 남겨진 어미를 통해 실제로 어떠한 단어가 있었는지 그 가능성을 바로 찾아내준다. 또한 언어 기술에 기계화가 진행되고 있기 때문에 이 사전의 의미는 한층 커지고 있는 와중이다.

　이 사전이 언어학에 도움이 될 것임은 명백하다. 특정 어미가 같은 변화를 하는 언어라면 해당 변화를 하는 단어가 몇 가지인지 알 수 있다. 또한 독자들 대부분이 알고 있는 외국어처럼 어미가 변하는(예를 들어 book-s, love-s, Büch-ern, lieb-t, livre-s, aim-e, knig-i, ljub-it……) 것이 아니라 어두가 변화하는 언어에서는 이 역순사전이 어두로부터 찾는 일반 사전과 비슷한 의미를 가지게 된다.

만약 어떤 가공의 언어가 있어서 그 언어에서 '책'을 *book, '책'의 복수형을 *s-book이라 한다고 치고, s-가 복수를 나타낸다고 하면 기존의 사전에서는 문법을 모르면 *book이라는 단어를 찾을 수 없다는 말이 된다. 만약 역순사전이라면 *book과 *sbook은 사전에 나란히 자리하게 되고 s-가 변화형이라는 것을 저절로 알게 되는 것이다(*은 가공의 형태라는 것을 나타내는 기호).

좋은 사전의 조건

쓸데없는 이야기는 여기까지. 원래 하던 이야기로 돌아와 이 책의 본래 목적인 외국어와 일본어 두 가지 어학사전에 대해 이야기해보겠다. 외국어를 습득하기 위해서는 좋은 사전이 필요하다고 했는데 그렇다면 좋은 사전이란 과연 무엇일까.

1. 찾고 있는 단어가 나와 있는 사전
2. 그 단어에 자신이 읽고 있는 텍스트에 맞는 번역이 달려 있는 사전
3. 번역 이외에도 필요로 하는 문법 사항이 있는 사전
4. 일반적으로 숙어라 불리는, 단어 이상의 레벨에서 나타나는 용법이 잘 수록된 사전

5. 좋은 용례를 보여주는 사전

6. 읽기 쉽고 흥미를 느낄 수 있도록 만들어진 사전

7. 찾기 쉬운 사전

8. 휴대하기 편리한 사전

9. 가격이 싼 사전

여기서 제시한 좋은 사전의 자격을 모두 갖추고 있는 사전이 있다면 그 사전은 틀림없이 훌륭한 작품이자 베스트셀러가 되었을 것이다.

하지만 이러한 조건 모두를 동시에 충족시키는 것은 논리적으로 불가능하다. 예를 들어 찾고 있는 단어가 항상 나온다는 것은 애당초 불가능한 요구다. 언어라는 것은 끊임없이 변하고 있기 때문에 사전은 출판된 그날부터 바로 구식 사전이 된다. 10년 전에 나온 사전에 '인터페론', '스페이스 셔틀', '에이즈' 같은 단어는 없다. 또한 찾는 단어가 나와 있어야 한다는 요구와 휴대하기 편리하고 가격이 싸야 된다는 요구는 모순된 것이다. 양자를 동시에 충족시킨다는 것은 애당초 불가능하다.

여기서 들고 있는 조건에는 언어학적 혹은 사전편찬학의 입장에 따른 조건과 언어학 이외의 조건이 있다. 이 두 가지는 상상 이상으로 서로 얽혀 있어서 여러 자본주의 나라에서는 사전을 만들 때 중요한 요소로 취급된다. 다수의 판매가 예상되는 언어사전은 많은 투자가 가능하기 때문에 보다 훌륭한 사전이 만들어지며 한 페이지당 가격도 저렴해진다. 이에 반해 영어·독일어·불어 이외의 사전은 비교적 비싸진다. 판매부수가 한정된 일부 언어사전은 무척 고가다.

현재 일본에 나와 있는 사전 중에서는 영일사전이 단연 가장 많고 질적으로도 가장 좋다. 다음으로는 불일사전과 독일사전이며 그 이외는 도저히 충분하다고 말할 수 없다. 여기에는 여러 가지 이유가 있겠지만, 애당초 영어사전(여러 가지 영영사전) 그 자체가 상당히 좋은 것도 커다란 원인 중 하나다. 영어에 이어 불어와 독일어 사전이 좋다. 이런 나라들의 사전과 비교하면 그 외 나라의 언어사전은 정도의 차이는 있겠지만 아직 부족한 점이 많다고 할 수 있다.

자신에게 맞는 학습사전을

사전을 만드는 사람은 자신이 가지고 있는 조건으로부터 여러 가지 요소를 조합하여 하나의 구체적인 사전을 만든다. 그때 사전의 사용자로서 어떠한 사람들을 상상하는가에 따라 그 사용자에 맞는 사전을 모색한다. 누구에게라도 맞는 글로벌한 사전이라는 것은 있을 수 없다. 사전을 사는 경우에도 사전을 추천하거나 비판하는 경우에도 관점이라는 것이 필요하다. '이 사전은 좋은 사전이지만 어휘 수가 적다'는 비판은 난센스다. 사전을 만들 때 어휘를 얼마나 수록할지는 처음부터 정해져 있기 때문에 그것을 비판해본들 무의미하다.

단, 일정한 어휘 안에서의 선택이 문제가 된다면 그것은 별개다. 학습사전처럼 소수 어휘를 다루면 다룰수록 어휘 선택 자체가 중요한 문제가 된다. 종종 상대적으로 많은 어휘가 실린 사전 쪽이 학습사전보다 만드는 것이 어렵고, 더욱 학문적이며 고급인 것처럼 인식되지만 그것은 잘못된 생각이다. 초보 학습자를 위한 학습서는 보통 각 단어에 대해 해석이 달려 있기 때문에 본래라면 사전은 필요 없을 것이다. 그리고 그 다음으로 사는 것은 소형 혹은 중형 학습사전이지 대사전은 아니다. 물론 대사전까지 다 갖춰 놓고 이런 훌륭한 사전을 샀기 때문에 반드시 어학 실력을 향상시키겠다는 정신적 지주로 삼는다면 그것은 또 다른 문제다.

자신의 레벨에 맞는 학습사전을 발견해서 구입하는 것은 어학 공략법의 중요한 포인트다. 아무리 하오리羽織와 하카마袴 복장이 일본을 대표하는 격식 있는 의상이라 해도 정원에서 노는 아이에게는 적당한 의상이 아닌 것처럼 어학을 막 시작했을 때는 큰 사전을 사도 도움이 되지 않는다. 학습사전을 사용하다가 수록되지 않은 단어에 부딪쳤다면 원망스럽다는 듯이 사전을 노려보기 전에 이 학습사전에 실려 있지 않은 단어이니 당분간 외우지 않아도 된다고 생각해야 할 것이다. 2,000에서 3,000이라는, 해당 언어의 중핵을 이루는 어휘를 암기하는 단계에서 10만 단어를 수록한 사전을 사용하는 것은 쓸데도 없는 9만 7,000 단어를 항상 휴대하고 다녀야 한다는 말이 된다. 유치원 아이가 입은 프록코트(예복으로 쓰이는 무릎까지 내려오는 신사용 양복저고리─역자 주) 차림을 보고 비웃는 사람이 극히 초보 어학에서 몇 만이나 되는 단어를 수록한 사전을 사용하는 것은 난센스다. 마치 가벼운 여행을 가는데 온갖 약이 들어간 커다란 트렁크를 가지고 가는 것과 마찬가지라고 할 수 있을 것이다.

초기 어학에서의 학습사전은 소중한 아군이며 이것을 잘 선택하는 것은 해당 외국어를 습득하기 위한 기초를 다질 때 중요한 일이다.

어떤 학습사전이 좋은지는 '머리말'을 읽으면 된다. 빈도수에 대한 배려가 있고(때로는 빈도수 표시가 달려 있거나 활자의 크기를 바꾸거나 하는 경우가 있다), 해당 외국어의 원어민이 확인을 마쳤으며, 읽기 쉽고, 사용하기 편하다는 등의 구성을 갖춘 것이 좋은 학습사전이다. 그리고 일본어 번역이 매끄러운지도 중요한 체크포인트다. 최근에는 흥미를 유발하기 위해 여러 가지 방법이 고안되면서 사전인데도 사진이나 그림을 넣거나 하는 등 학습사전과 사전辭典, 사전事典의 구별이 희박해지고 있다.

사전은 많을수록 좋다

학습사전을 충분히 활용할 수 있게 되고 나서, 그 다음으로 어떤 사전을 봐야 할까에 대한 지침에 관해서는 기존에도 많은 안내서가 있다. 이 단계는 이미 이 책의 독자보다 한 단계 상위 레벨이다. 여기까지 왔으니 사전에 대한 또 하나의 원칙에 대해 말해두자. 그것은 '사전은 많으면 많을수록 좋다'는 공리다. 현재 실로 다양한 사전이 출판되고 있는데 무엇 하나 똑같은 것은 없다. 따라서 만약 가지고 있다면 언젠가는 반드시 쓸모가 있을 것이다. 단 사전을 둘 장소와 구입할 자금만이 문제다.

어느 날의 일이다. 소비에트 문학 전문가 Y씨로부터 전화가 왔다. 번역 도중 모르는 단어가 하나 나왔는데 온갖 방법을 다 동원해도 의미가 분명하지 않아 너무 난감하다는 이야기였다. 러시아어 중에서도 시베리아에서 사용되는 어떤 특수한 단어인 듯했다. 그런데 나한테 있는 사전에서 찾아보았더니 '특수한 형태를 한 지붕'임을 알 수 있었다. 게다가 Y씨가 번역하던 작가 작품에 그 단어가 나온다는 취지가 적혀 있었다.

Y씨는 단어의 의미를 알게 된 것에 감사하며 그 단어가 나와 있는 사전에 대해 알고 싶어 했다. 내가 찾았던 것은 6권으로 된 『러시아어·체코어 사전』이다. 이 책은 제2차 세계대전 후 체코에서 러시아어 연구자들이 총력을 기울여 만든 사전으로 모든 어휘를 직접 작품 안에서 수집한 본격적인 사전이다. 따라서 다른 사전에 없는 단어도 이 사전에는 종종 나온다는 독특한 사전이다.

본래 사전을 만들 때는 수록해야 할 모든 어휘를 생생한 자료들에서 직접 뽑아내야 한다. 문학 작품, 희곡, 신문, 과학 잡지, 음성자료를 문자화한 자료, 시 등 다양한 원전의 어휘들을 카드화하고 거기에서 뽑아내는 것이 가장 바람직하다. 그러나 일본의 현상황은 이러한 방법을 취하고 있지 않다. 오히려 대부분의 사전이 어휘를 참고할 수 있는 기존의 어떤 사서辭書를 바탕으로 하고 있다. 그렇기 때문에 그토록 선진적인 영일사전의 경우라도 종종 완전히 똑같은 예문이 서로 다른 사전들에서 나오는 것이다.

필자가 마침 근무하고 있는 대학 언어학 시간에 어떠한 방법으로 새로운 외국어-일본어 사전을 만들지 학생들에게 질문했던 적이 있다. 하지만 그 누구에게서도 작품을 통해 어휘를 수록한다는 발언이 없었다. 정말이지 너무 놀랐다. 모든 학생들이 '기존의 사전들을 모아서'라고 발언했던 것이다. 일본의 외국어-일본어 사전 중 가장 선진적인 영일사전이 만약 훗날 크게 진보한다면 일본에

122

서 읽히는 영문들을 모아 거기서 직접 채취된 어휘로 영일사전이 만들어질 시기임에 틀림없다. 언젠가 반드시 그런 때가 올 것이다.

여러 가지 X일 사전을

사전을 정성껏 찾아가며 문학작품을 읽는다는 것은 인생의 고상한 즐거움이다. 그러나 그것은 입문 단계를 졸업한 사람들이 행하는 작업이다. 아직 기초 어휘조차 습득하지 못한 사람들이 페이지가 새카맣게 될 정도로 단어들을 찾아가며 읽는 것은 잘못된 학습방법이다. 사전을 찾는 손끝 신경은 발달하겠지만 어학을 잘 할 수 있게 되지는 않기 때문이다.

어학 습득을 위한 사전 선택이란 좋은 학습사전을 찾아내는 길밖에 없다. 해당 외국어의 가장 유명한 사전을 고르는 것이 아니다. 물론 현재 이러한 사치가 허락되는 외국어는 일본의 경우 영어·독일어·불어 등 세 나라 언어에 국한된다고 해도 과언은 아닐 것이다. 그 외의 언어에서는 가까스로 소수의, 때로는 유일한 사전이 있을 뿐이다.

그리고 그 외에 더 많은 외국어에서는 일본어 대역사전이 없다. 두 개의 사전, 예를 들어 조지아어－러시아어 사전과 노일사전을 함께 사용하지 않으면 안 된다. 이것은 무척 불편한 일이다. 일본의 국제화가 문제가 되고 있는 지금, 많은 젊은 사람들이 영어·독일어·불어·러시아어 등의 외국어를 익히고 나서 아직 존재하지 않는 X어 사전을 만들어볼 것을 반드시 진지하게 검토해주길 바란다.

9

발음

이것만은
시작이 중요

'외국어를 배우기 위한 중요한 전제'

외국어를 잘 습득하는 데 매우 중요한 의미를 가지고 있으며, 심지어 그 점을 본인 스스로 인지하고 있으면서도 여전히 그다지 중요시하지 않는다는 학습상의 수수께끼, 바로 '발음'이다.

『어떻게 외국어를 공부해야 할까』라는 책에서 저자 J.토만 박사는 발음에 대해 다음과 같이 말하고 있다.

'외국어를 바르게 배우기 위한 중요한 전제가 되는 것은 올바른 발음 지식이다.

문법상의 오류를 가당찮은 미스로 간주하는 사람들이 외국인들이 뒤로 넘어갈 만한 끔찍한 발음으로 말하는 것을 발견하곤 한다. 흥미로운 사실이다. 이 경우 외국인들은 문법상의 미스가 있는 문장 쪽을 끔찍한 발음의 문장보다 오히려 쉽게 이해한다는 사실을 잘 음미해둘 필요가 있다.'

필자가 아직 대학생이었을 무렵, 세계적으로 유명한 미국의 언어학자가 와서 강연을 했던 적이 있다. 그때 환영 인사를 하던 교수의 영어 발음이 너무 나빠서 깜짝 놀랐는데, 그 인사가 활자화되었을 때 영어 문장이 얼마나 탁월했던지 이번에는 미국 학자가 깜짝 놀랐다는 에피소드가 있다. 외국어실력과 발음이 얼마나 직접적인 관련성 없이 존재할 수 있는지를 여실히 보여주는 예일 것이다.

'라이스는?', '오우! 노!'

이상한 발음 때문에 터무니없는 결과를 낳은 경우라면 일일이
다 열거할 수 없을 정도다. 특히 일본어에서는 구별하지 않지만
구미 대부분의 언어에서는 구별되는 [r]과 [l] 발음에 대해서 일본
인들은 정평이 나 있다. 언어라는 것은 보통 오해가 발생하지 않
도록 이중, 삼중으로 예방되고 있기 마련이다. 따라서 '이번엔 파
리를 갔다가 런던에서 돌아왔습니다'라는 말의 경우 런던의 [l]을
[r]로 발음해도 제반 상황을 통해 이해할 수 있다. 그러나 우연히
상황이 여의치 않을 때는 오해가 발생하게 된다. 다음은 필자가
직접 목격한 예다. 생각지도 못한 불리한 상황에서는 엄청난 오해
도 생겨날 수 있다는 것을 나타내고 있다.

필자가 마침 중부 유럽에 있는 한 중화요리점에서 식사를 하고
있었을 때의 일이다. 한 일본인이 친구인 외국인을 안내하며 그
레스토랑에 들어왔다. 운 나쁘게도 때마침 저녁 식사 시간이어서
달리 빈자리도 없었기 때문에 두 사람은 커다란 테이블에서 홀로
식사를 하고 있던 필자와 동석을 하는 상황이 되었다. 자연스럽게
들려오는 대화 내용에 의하면 그 외국인은 중화요리를 먹어본 적
이 없고 그날 밤이 첫 경험이었던 것 같다. 그 일본인은 전채 요
리로 돼지 혓바닥 요리를 권했으며 피단에 대해서 오리알을 중국
남부의 독특한 흙으로 싼 것이라고 설명하고 나아가 해파리냉채
에 대해 설명했다. 그리고 스프로는 상어지느러미 스프가 어떻겠
냐는 이야기가 오고가고 있었는데 문제가 생긴 것은 그 다음 순간
이다. "라이스는?"이라는 질문에 그 외국인은 커다란 제스처와 함

께, "오우! 노!"라고 우아하게, 하지만 단호하게 외쳤다.

이런 풍요로운 만찬은 즐거운 대화와 함께 순조롭게 진행되었고 초대자인 일본인에게 '라이스'가 나올 때까지 아무 일도 일어나지 않았다. 하지만 '라이스'가 식탁에 놓여졌을 때 외국인이 자기에게도 '라이스'를 달라고 했기에, "아니, 당신은 조금 전 필요 없다고 하지 않았나요?"라고 일본인이 물었다. 그 후 결말은 간단하다. 그 일본인은 라이스를 rice[ráis]라고 말할 생각이었는데 lice[láis]로 발음했던 것이다. lice가 louse의 복수형으로 '(사람을 무는) 이'를 의미한다는 것은 굳이 설명할 필요도 없을 것이다. 이러한 자그마한 사건에서 흥미로운 것은 '밥'과 '이'라는 도저히 혼동될 것 같지 않은 단어, 실제로 레스토랑 측은 [láis]로 발음해도 '밥'을 가져다주는데 '혓바닥……오리알……해파리……상어지느러미'라는 식으로 환경만 갖춰지면 평소 문제가 없을 부분에서 오류가 생길 수 있다는 것을 나타내고 있는 점이다.

어떤 일본 국회의원이 미국 대표를 향해 '유어·컨추리·이즈·라이스 컨추리※國. 마이·컨추리·이즈·라이스 컨추리(쌀의 나라)'라고 말했다고 하는데 이 미국인은 왜 자기 나라를 '이'의 나라라고 하는지 전혀 이해하지 못했을 것임에 틀림없다.

신의 불공평──인기가 없는 이유

문법 습득이나 어휘 습득에 비해 발음 연습이 인기가 없는 이유로는 몇 가지를 들 수 있다. 그 하나로 들 수 있는 것은 신이 불공평하기 때문이다. 외국어 습득의 모든 면에서 학습자 능력에 약간의 차이가 있는 것은 사실인데 새로운 외국어 어휘를 늘리기 위해서는 모든 사람이 노력해서 단어를 외우지 않으면 안 된다. 또한 문법 변화도 마찬가지로 모든 사람이 고생해서 기억해야 한다. 이런 점에서는 외국에 나가서 공부를 하든 그 언어를 모어로 하는 사람과 결혼하든 조건은 마찬가지다. 외국에 가거나 집안에 해당 외국어를 말하는 사람이 있으면 단어나 문법 변화에 노출될 기회가 많은 것에 지나지 않는다. 학습자는 같은 선상에서 출발하는 것이다.

하지만 발음만은 별개다. 아무런 노력 없이 눈 깜짝할 사이에 원어민 수준으로 훌륭히 발음할 수 있는 사람이 있는가 하면 아무리 시간이 지나도 여전히 서툰 사람도 있다. 그리고 하나의 외국어 발음이 좋은 사람은 다음 외국어 발음도 좋기 때문에 그저 기막힐 노릇이다. 필자가 가르침을 받았던 S교수님 같은 분은 영어·독일어·불어·러시아어·폴란드어 등 어떤 언어를 하셔도 발음이 좋아서 정말이지 얄미울 정도다. 또한 필자의 친구로 오랜 기간에 걸쳐 음성학을 가르치고 있는 G조교수의 이야기에 의하면 학생들 중 몇 명인가는 반드시 좋은 귀를 가진 사람이 있어 아무런 어려움 없이 소리를 잘 구별해내며 발음할 수 있다고 한다.

그러나 이 책은 그러한 재능을 타고난 사람들을 기쁘게 하기 위해 나온 것은 아니다. 어떻게 발음해도 상대방이 한 번에 바로 알아듣지 못하거나 '(사람을 무는) 이'를 손님에게 대접하는 사람이 될 수도 있는 이들을 위한 책이다. 사실 고백하자면 필자 스스로가 마음이 편안해지기 위한 것이기도 하다. 이 그룹에 속한 사람들이란 너무나 수월하게 모국어를 습득해버린 사람들을 가리킨다.

[r]과 [l]——일본인의 '국민병'

이 세상에 존재하는 음들 중에서 우리들 인간은 청각이 포착하고 발음기관이 발음할 수 있는 음을 언어 전달을 위해 사용하고 있다. 게다가 그러한 음들 가운데 어떤 한정된 수의 음들이 외국어 습득을 위해 학습된다. 물론 넓은 세계 속에서는 캅카스나 아프리카 일부 등 엄청나게 어려운 음을 가진 언어도 있다. 또한 일본에서 일반인들이 외국어 습득 시에 접하는 음의 어려움은 잘 알려져 있다. 독일어 움라우트든 프랑스어의 비모음鼻母音이든 잠깐의 연습으로 이해할 수 있고 습득할 수 있다. 목젖을 부풀려 내는 다소 어려운 r의 음 [R]이라도 그렇게 힘든 정도는 아니다. 오히려 까다로운 것은 일본어와 일부 비슷한 음이 섞여 있지만 결국 다른 음일 경우다. 유럽 여러 언어의 [u]음 같은 경우는 당장 일본인들이 어려워하는 음이다.

어떤 한 언어를 습득해버린 인간은 여러 언어로 발음되는 음들을 그대로 받아들일 수 있도록 훈련되지 않는다. 모어에 있어서 의미를 가지지 않는 음의 구별은 무시하고 그 음의 차이가 모어에 의미가 있는 것만을 주의 깊게 분류하여 듣게 되기 마련이다. 일본어를 무의식적으로 제대로 습득했던 사람이라면 더더욱 외국어 발음을 못하는 것처럼 보인다. 바로 그런 이유 때문에 일본어 틀 안에서 음을 듣는 훈련에 익숙하지 않은 어린이들 쪽이 성인들보다 훨씬 더 외국어 발음이 좋은 것이다. 즉 그 틀이 완성되어버리면 일본인에게 [r]과 [l]의 구별은 쓸데없는 것이며 그 음의 구별에 주의를 기울이지 못하고 결국 분간할 수 없게 되는 것이다.

어느 날 폴란드의 여류언어학자로 유명한 안나 베쥬비츠까야의 언어학 입문서 『언어에 대해서—만인을 위한—Anna Wierzbicka : O języku dla wszystkich, Warszawa, 1967』의 40페이지를 읽고 있었는데, 폴란드어에서는 [r]과 [l]은 별개의 음소인데 일본인들은 이 음의 구별에 주의를 기울이지 않는다는 설명이 있었다. '바르샤바 대학 일본어 강사lector였던 어떤 일본인이 폴란드에 수년간 체재하고 있는 동안 "바르샤바 대학 총장rector이다"라고 주장하고 있었다'란 문장을 발견하고 나도 모르게 쓴웃음을 짓고 말았다.

정말이지 [r]과 [l]의 구별은 까다롭고 귀찮아서 적어도 일본인들에게는 지병과도 같은 것이다. 필자처럼 그럭저럭 말로 먹고 사는 사람도 방심하면 금방 오류를 범한다. 그렇다고 해서 매순간 [r]과 [l]의 구별을 의식하면서 지낸다는 것도 못할 짓이다.

만약 이 [r]과 [l]의 구별이 '국민병'이 아니었다면 국어사전에 다음과 같은 항목이 있을 리 만무하다.

> 데드[dead=죽었다](중략)──록[deadlock][회의 등이] 한계에 부딪히는 것. 정돈停頓. ['-에 부딪히다'라는 문맥에서 dead rock에 대한 유추 때문에 오해되어 암초의 뜻으로 사용된다]
>
> 『신명해 국어사전新明解国語辞典 제3판』

구분이 안 가는 '병원'과 '미용실'

어찌해서 이렇게 우리들은 [r]과 [l]의 구별에 고민해야 하는가.

반면 그 구분을 할 줄 아는 외국인들은 천하태평이다. 역으로 일본인에게는 아무것도 아닌데 유럽이나 미국인이 힘겨워하는 발음은 없는 걸까. 닥치는 대로 그러한 사례를 찾고 있었을 때의 일이다. 아이누어의 세계적 권위자였던 언어학자 F씨와 이야기를 하고 있는데 "어쩌다가 내가 말이야, 천재적인 음성학자라고 인식되어버렸어"라는 귀가 솔깃한 이야기를 해주었다. 그 이야기란 F씨가 참가했던 캐나다 인디언 언어에 관한 국제 세미나에서의 사건이었다.

이 인디언 언어에는 일본어의 촉음이라 불리는 종류의 음이 있는데 일본어와 마찬가지로 이 촉음이 있는지 없는지로 또 다른 의미를 나타낸다고 한다. 따라서 그것을 잘 구분하여 듣는 것은 매우 중요해서 만약 그렇지 않으면 전혀 다른 단어로 들린다는 이야기다. 그런데 이 구분이 F씨를 뺀 참가자들에게는 전혀 들리지 않았던 모양이다. 심지어 어시스턴트로 그 차이를 설명하고 있던 미국인 연구자까지 잘못된 발음을 해서 정보제공자인 인디언과 F씨는 서로 윙크를 해가며 빙긋 웃었다는 것이다.

이 예만으로는 불충분한 사람을 위해 또 한 가지 실제로 있었던 이야기를 말씀드리고자 한다. 그것은 도쿄의 서쪽 교외에 사는 E씨의 집에서 일어난 일이다. 이 E씨의 사모님은 체코인으로 어느 날 대학에 근무하고 있는 E씨에게 다음과 같은 전화를 했다.

"여보세요, 당신이에요? M(아들 이름)이 말이예요, 집 앞 공원 화장실 지붕에서 우산을 들고 뛰어내렸어요. 그래서 뼈가 엉망진창이에요."

"이봐, 당신은 어디서 전화를 거는 거야?"

"병원이에요. 좀 기다리고 있어서 잠깐 전화하는 거예요. 당신 지금 바빠요?"

"바쁘지만 바로 갈게. 어느 병원이지?"

E씨는 울트라맨 흉내를 내며 지붕에서 떨어진 아들의 다리뼈가 엉망이 되었다는 말을 듣고 눈앞이 캄캄해졌다고 한다. 하지만 아내 분의 전화 목소리가 너무나 침착한 것이 의아했기 때문에 다시 한번 확인하기 위해 물어보았더니, 사모님은 미용실에 있고 뼈가 부러진 것은 아들이 아니라 우산 쪽이다. 전화통화만으로는 일본인으로 오해받을 정도로 발음이 좋으신 사모님도 '병원'과 '미용실'(병원은 보오인ビョウイン, 미용실은 비요오인ビョウイン으로 음이 비슷하다—역자 주), '아저씨'와 '할아버지'(아저씨는 오지상オジサン, 할아버지는 오지이상オジィサン으로 음이 비슷하다—역자 주)의 구분에는 어찌할 방법이 없었다. 일본인에게는 아무것도 아닌 이 구분을 도저히 습득할 수 없었던 모양이다.

[z]와 [ʤ]의 구별

그런데 유럽 여러 나라 언어에 맺힌 한을 인디언의 한 언어로 풀고, [r]과 [l]의 한을 촉음이나 성문폐쇄음聲門閉鎖音으로 풀었다고 해서, 당신의 발음이 좋아지는 것은 아니다. 그래서 원래 하던 이야기로 돌아가 보겠다.

어떤 외국어 발음이 어렵다고 해도 그 외국어의 모든 음이 일본어 음과 다른 것은 아니다. 일본어에는 없는 몇 개인가의 음을 열심히 습득하기만 하면 전체 레벨은 상당히 훌륭해지게 된다. 예를 들어 영어라면 th로 표현되는 자음의 [θ], [ð]나 모음 [æ], 독일어라면 '움라우트'라고 불리는 입술을 둥그랗게 해서 발음되는 모음, 불어라면 '비모음'이라 불리는 모음, 러시아어라면 '연자음軟子音'이라 불리는 일련의 음이다. 이러한 음들은 외국인이 각각의 언어를 습득할 때 의식적으로 그 발음을 배우지 않으면 안 된다. 개중에는 그 하나의 음으로 어떤 외국어를 대표할 정도로 재미있는 음이 있고 그 음만 바르게 발음할 수 있다면 평가가 엄청나게 올라가는 음도 있다. 체코의 음악가 안토닌 드보르자크Antonín Dvořák라는 이름 중에 있는 ř이라고 쓰인 음 같은 경우가 가장 전형적인 예다. [r]로 표현되는, 빠르게 혀를 마구 굴리는 [r]에 진동이 불규칙하고 파동시간이 짧은 음을 더한 것이다. 이것만 발음할 수 있다면 당신의 체코어 발음에 대한 체코인들의 평가는 엄청나게 상승한다.

그러나 누구라도 알아차릴 수 있는 전혀 상이한 음의 습득보다 처치 곤란인 것이 바로 일본어와 비슷한 음이다. 자신은 잘 발음했다고 생각했는데 의외로 외국인에게 잘못되었다는 사실을 지적받고 도대체 어디를 틀렸는지 이해하지 못하는 경우다.

벌써 몇 년이나 지난 일이지만 일본의 젊은 러시아문학 전문가가 모스크바에서 열린 러시아어 강습회에 출석했을 때의 일이다. '법칙'이라는 의미의 закóн이라는 단어를 아무리 발음해도 선생님은 고개를 가로저으며 안 된다고 말한다. 이 젊은 연구자는 미야자와 겐지宮沢賢治의 『첼로 켜는 고슈セロ弾きのゴーシュ』 중에 나오는 뻐꾸기처럼 '법칙, 법칙……'이라고 목이 쉴 정도로 발음해 보았지

만 결국 도저히 되지 않아 어찌할 바를 몰랐다. 이 연구자에게는 자기 발음의 어디가 잘못됐는지 이해가 안 되었던 것이다.

만약 이 사람에게 조금이라도 음성학적 지식이 있었다면 러시아어의 з 의 문자로 적혀진 [z]의 음은 일본어에서 어두의 the라는 문자로 표시되는 [dz]의 자음과는 다른 것임을 알아차렸을 것이다. 일본어에서 ザ(재)로 표시되는 자음은 어두에서는 [dz]이지만, 모음 사이에서는 [z]이다. 이것은 'カザリ(카자리)', 'アザミ(아자미)'……라고 말했을 때 혀끝이 어디와도 접촉하지 않는 데 비해, 'ザリガニ(자리가니)', 'ザブトン(자부톤)' 등을 발음할 때는 혀끝이 윗니 잇몸 안쪽의 튀어나온 곳에 닿는다는 것으로 그 차이가 확인된다. 즉 일본인들은 [z]음도 [dz]음도 가지고 있지만 각각 다른 환경에서 구별해 쓰고 있는 것이다.

젊은 러시아어 연구자가 [s]의 유성음이라고 생각해서 발음하고 있던 음은 [ts]의 유성음이었기 때문에 이 두 가지 음의 차이를 알아차리지 못했던 것이다. 이 사람은 영어의 cards[káːdz](카드의 복수)와 cars[káːz](차의 복수)의 발음 차이도 인식하지 못할 것이다. 일본어 표기에서는 'カ(카)'와 'ガ(가)', 'タ(타)'와 'ダ(다)'처럼 탁점(글자의 우상단에 붙이는 탁음 기호—편집자 주)이 유성인 것을 나타내는 경우가 많지만 어두의 'ザ(재)'에서는 'ツァ(챠)'의 유성임을 나타내서 'サ(사)'의 유성 [za]가 아니라 [dza]를 나타내고 있는 것이다.

교정은 불가능에 가깝다

이상의 교훈으로 알 수 있듯이 외국어 발음을 배울 경우 일본어와 어떻게 다른가를 잘 이해하는 것은 매우 중요한 일이다. 그리고 그 차이가 어디에서 오는지를 잘 판단하여 스스로 발음하며 분간해보지 않으면 알아듣기 매우 어렵다. 특히 발음에 관해서는 좋은 선생님에게 배우고 있는지의 여부가 중요한 의미를 가진다. 그리고 선생님의 발음이 좋아야 될 뿐만 아니라 일본어와 외국어의 차이를 확실히 의식해서 설명할 수 있는 사람이 좋다. 왜냐하면 발음은 외국어 습득의 다른 과정에는 없는 하나의 특징이 있기 때문이다.

학습 처음 단계에서는 바른 발음을 배우든 아니든 그다지 큰 노력의 차이가 없다. 그러나 나중에 좋지 않은 발음을 교정하는 것은 곤란함을 뛰어넘어 불가능에 가깝다. 어학 학습에서는 하나하나의 잘못을 바로 잡는 것이 그 기본적 태도인데 발음만은 예외다.

외국어를 바르게 발음하고 정확히 구분해서 듣기 위해서는 음성학의 기본 지식이 큰 도움이 된다. 음성학은 인간의 언어음을 연구대상으로 한 언어학의 한 분야로 일반음성학과 개별음성학의 두 가지로 나눌 수 있다. 음성학이 어떠한 것들을 연구하는지 한마디로 정의하기는 어렵지만 대략적으로 발음기관에는 어떠한 것이 있고 그것을 어떻게 움직이며 어떤 음이 나오는지, 애당초 인간의 언어음에는 어떤 것이 있으며 그것이 어떤 구조를 이루고 있는지를 연구한다. 그것을 언어 일반에 걸쳐 연구하는 것이 일반음성학이며 특정 언어를 연구하는 것이 개별음성학이다. 물론 일반음성학을 배우고 그 다음으로 개별음성학을 배우면 가장 베스트이긴 하지만 이런 사치가 누구에게나 허락되는 것은 아니다.

게다가 음성학은 다수의 사람들을 상대로 똑같은 내용을 강의

하는 것이 아니라 10인 내외의 사람들에게 직접 현장에서 발음을 시키거나 음을 듣고 분간하도록 시키기도 한다. 만약 주변에 그러한 훈련을 할 수 있는 사람이 있다면 10회의 레슨으로도 상당히 도움이 될 것이다. 그리고 원래 어학 교사는 그런 훈련을 받았던 사람이어야 한다. 외국인 교사의 경우 본인의 발음은 물론 좋을 것이다. 하지만 왜 학습자가 발음을 하지 못하는지를 설명하고 교정할 수 있는 사람은 많지 않다.

음성학 책을 사서 직접 학습하는 것은 이론과 방법만 알 수 있을 뿐 실질적인 도움을 줄 수 없지만 그래도 하지 않는 것보다는 그나마 낫다. 게다가 최근에는 바른 발음을 위한 음성자료도 있으며 학습서에는 음성자료가 부록으로 달려 나오는 것이 너무나 당연시되고 있다. 앞에서도 언급했듯이 아무런 고생도 하지 않고 좋은 발음을 몸에 익힐 수 있는 사람이라면 상관없겠지만 그것이 힘든 사람은 다음 어학을 배우기 전에 조금이나마 음에 대해 배워둘 것을 권하고 싶다.

인토네이션, 악센트도 중요

지금까지 발음에 대해 이야기하면서 하나하나의 음만을 언급해왔지만 이 외에도 인토네이션이라든가 악센트라든가 음에 관해 배워둬야 할 것들은 많다. 영어나 러시아어에서는 어디에 악센트가 있는가를 아는 것이 기본적인 학습 항목 중 하나다. 게다가 악센트라 불리는 것의 성질을 아는 것도 중요하다. 음의 강약에 의한 악센트를 가진 언어가 있는가 하면 음의 고저가 악센트의 기본을 이루고 있는 언어도 있다. 일본어에서는 음의 고저가 어디에서 시작되는가가 악센트의 본질이다. 그래서 단어의 악센트와 노래를 부를 때의 음에 따른 단어의 고저가 맞지 않으면 위화감이 들 수 있다. 인토네이션의 패턴으로 의문이나 경악, 감탄을 나타내는 것은 보기 드문 케이스는 아니다. 어떤 훌륭한 배우가 비슷한 구를 몇십 개나 되는 인토네이션으로 나누어서 표현해 보였다는 것은 종종 듣는 이야기다.

여러 가지 발음에 대해 언급했는데 발음이 외국어 학습에 있어서 중요하다는 사실과 발음에 관해서는 학습 초기가 가장 중요하다는 것만은 독자 분들께서 절대로 잊지 마셨으면 한다. 마지막으로 어떤 젊은 친구에게 들었던 이야기를 현대 이솝풍 우화로 정리하여 전달하면서 '발음'에 관한 이 장을 마치고자 한다.

어느 날 한 마리의 오리가 덤불 숲 가까이를 지나쳐 갔다. 그러자 덤불 숲 뒤편에서 친구 오리가 부르는 소리가 났다. 그래서 그쪽으로 가보자 여우가 나와서 그 오리를 잡아먹어 버렸다. 다 먹어치운 후, 여우는 입맛을 다시며 다음과 같이 말했다고 한다.

"아아, 음성학을 배워두길 잘했어!"

10
회화
실수는 누구나 하기
마련이라고 각오하고

수동적에서 능동적으로

언어의 중요한 역할은 뭐니 뭐니 해도 전달이기 때문에 그 전달의 가장 전형적인 형태인 '회화'가 『외국어 잘 하는 법』에서 하나의 장으로 나오고 있는 것은 생각해보면 의아한 일이다. 하지만 외국어로 하는 회화에는, 아니 외국어로 회화를 할 수 있으려면, 모국어로 회화를 할 수 있게 되는 것과는 다른 차원의 일면도 있기 때문에 외국어로 회화를 한다는 것이 외국어 습득에서 어떠한 문제를 안고 있는지에 대해서 주목해보는 것은 결코 쓸데없는 일이 아니라고 생각한다.

외국인과 유창하게 대화를 나누고 있는 사람을 보고 자신도 저렇게 말할 수 있다면 참 좋겠다고 바라는 마음은 자연스러운 감정일 것이다. 필자도 그렇게 바라며 헛된 노력을 했던 사람이기 때문에 그 마음을 아주 잘 이해할 수 있다. 그러므로 무엇이 회화를 향상시키는 비결인지 찾아보기로 하겠다. 우선 외국어로 하는 회화가 가진 문제점을 지적하고 아울러 극히 짧게 회화에서 중요한 것은 무엇인지를 살펴보고자 한다.

외국어를 배울 경우 해당 외국어 지식이 능동적인지, 수동적인지 구별하는 것은 중요하다. 전자는 해당 외국어로 쓰거나 이야기하는 능력을 나타내고 후자는 들은 내용을 어떻게든 이해할 수 있고 텍스트를 읽을 수 있는 것을 의미한다. 이 구별은 외국에서 특히 중요시 여겨 설령 사전의 도움으로 아무리 능숙하게 외국어 서적을 읽어도 말을 할 수 없으면 '이봐, 너무 수동적이네!'라는 말을 듣기 십상이다. 외국어로 회화를 한다는 것은 외국어에 대한 적극적 지식 획득을 위한 첫걸음이자 하나의 목표 지점인 것이다.

외국어를 배울 경우 문장을 구성하고 있는 단어나 구를 우선 기억한다. 그런 다음 문장을 구성할 때 필요한 규칙인 문법을 습득한다. 그리고 문장을 쓸 경우에는 바르게 문자를 사용하는 방식을 기억하고 발음을 할 때는 해당 외국어를 모어로 하는 사람의 발음을 최대한 흉내 낸다. 그러나 이런 학습은 습득을 용이하게 하기 위해 하나하나가 개별적으로 행해진다. 그러나 들은 이야기나 읽은 글을 익히기 위해서는 이렇게 제각각 학습된 요소를 하나로 정리하지 않으면 안 된다. 여기서 외국어학습은 두 번째 단계로 들어가게 된다. 외국어로 쓰거나 말할 수 있게 되기 위해서는 여태까지 제각각의 방식으로 습득해온 외국어 지식을 하나의 구심력 있는 전체로 만들어내는 프로세스를 배워야 한다.

인토네이션과 문장 사이의 시간적 간격

이 무렵 몇몇 어려움이 다시금 발생된다. 우선 어떤 언어에도 억양이 있고 하나의 정리된 문장은 반드시 여러 가지 조건에 따라 정해진 인토네이션의 패턴을 가진다. 능숙하게 이야기하기 위해서는 이 패턴을 제대로 몸에 익혀두어야 한다. 이 점이 부족하면 하나하나의 단어가 아무리 정확하게 발음되어도 로봇의 말투처럼 들린다. 언어에 따라서는 이 억양 구별만으로 의문문이나 평서문으로 갈리기 때문에 제대로 된 패턴을 익혀두지 않으면 자칫 오해도 생길 수 있다.

나아가 문장과 문장과의 관계도 중요하다. 각각의 문장이 바르게 발음되어도 두 문장 사이의 시간적 간격이나 문체나 의미 관계가 이상하면 훌륭한 회화라고 볼 수 없다. 초보 학습자는 맨 처음 이런 미묘한 차이를 알아차리지 못하지만 입장을 바꾸어 외국인이 일본어를 배울 경우에 그 사람들이 구사하는 일본어를 접하면 금방 이러한 결점에 대해 알아차린다. 따라서 외국어를 배울 경우 해당 텍스트가 문법 항목의 반복에만 중점을 둔 '나는 일본인입니다. 공원에는 나무가 있습니다. 개가 뼈다귀를 물고 있습니다'라는 식은 충분치 않다. 회화를 위한 준비로서 하나하나의 문장이 제각각 다른 이야기를 하기보다는 전체적으로 일관된 내용이 바람직하다.

그뿐만 아니라 해당 외국어의 원어민이 읽어준 음성자료가 수록되어 있다면 베스트다. 그런 음성자료를 반복해서 들으면 문장과 문장 사이의 시간적 간격이나 지문과 대화체 사이에 톤이 다르다는 것을 저절로 귀로 분간할 수 있게 되고, 구나 문장이나 절의 마지막 인토네이션도 잘 알아들을 수 있게 된다.

어형변화가 풍부한 언어는

회화를 위해서 그동안 단어와 문법이라는 식으로 개별적으로 배워왔던 것을 하나의 문장으로 정리하는 것은, 문법 특히 형태론에서 다루어지는 어형변화가 풍부한 언어, 나아가 단어 사이의 관계를 나타내기 위해 여러 가지 규칙이 있는 언어의 경우엔 상당히 까다롭다고 할 수 있다.

'이 새로운 책이'라는 경우, 일본어에서는 '이', '새로운', '책',

'이'라는 단어를 암기하고 이 순서로 말하면 되지만 러시아어에서는 '이'에 해당하는 단어가 총 24개의 변화형을 가지며 '새로운'도 24개, '책'이 12개의 변화형을 가지고 있어서 그 가운데 단수의 'э та новая книга'와 복수 'эти новые книги'만이 '이 새로운 책이'에 해당된다(또한 일본어 조사 '이'에 해당되는 부분은 '이'와 '새로운'과 '책'이라는 단어의 어형변화 중에서 세 번에 걸쳐 나타나고 있다). 이 러시아어 표현은 영어의 'this new book'과 'these new books'에 각각 해당하는 것이다.

풍부한 어형변화를 가진 언어에서는 동사도 인칭이나 수나 시제로 변화하는 경우가 많기 때문에 일본어로는 간단한 문장도 정확하게 이야기하는 것이 좀처럼 쉽지 않다. 따라서 이러한 언어 학습서에서는 '문장을 암기하라'라는 이야기를 자주 하며 단어와 변화형식과 단어 조합 규칙을 동시에 학습할 것이 권장되고 있다. 고전어라 불리는 라틴어나 고대 그리스어가 그 대표적 언어다.

물론 라틴어나 고대 그리스어로 회화를 배울 필요는 없지만 현대어 중에서도 러시아어, 폴란드어, 체코어 등의 슬라브어나 리투아니아어 등은 라틴어나 고대 그리스어와 비슷한 타입의 언어다. 이러한 언어의 회화를 위해서는 단어를 외우고 변화형식을 익히고 단어 결합 규칙을 배우는 것이 회화의 첫걸음이라 할 수 있다. 이런 언어로 문장들을 올바르게 표현하고 회화가 성립했을 때, 외국어 학습의 첫 성과가 결실을 맺게 된다. 그때 느끼는 뿌듯함이야말로 여태까지의 노력의 성과물이자 다음 학습을 위한 도약대인 것이다.

입을 다물고 있으면 향상되지 않는다

회화가 가진 또 하나의 큰 어려움은 회화는 번역과 달리 생각할 시간이 짧다는 점이다. 만약 번역이라면 모르는 단어가 나왔을 경우 사전을 찾아볼 수도 있을 것이다. 하지만 회화에서는 들은 단어를 모두 알고 있어야 하고 답변하고 싶은 내용에 필요한 단어도 숙지해야 하며 심지어 순간적으로 그 단어들을 떠올려야 한다. 어떤 단어를 몰라도 전체의 의미파악이 가능할 경우 대부분 회화는 계속 진행되며, 만약 모르는 단어가 딱 한 개뿐이라면 되묻기도 하는데, 모르는 단어가 서너 개나 되어 그것을 일일이 되묻고 있으면 회화는 성립되지 않는다.

일본인끼리의 회화에서 자주 보이는 것처럼 상대방이 이야기를 하고 있을 때 자기도 상대방의 사고방식에 접근해 마침 상대방이 어떤 단어를 떠올리지 못해 말이 막혔을 때 그 단어를 포착해줄 수 있게 된다면 해당 외국어 회화는 명인의 경지에 이른 것이다.

"아, 그거 뭐라더라, 최근에 나온 엄청난 병……."
"아아, 에이즈 말이지?"

이러한 대화가 외국어로 가능하다면 훌륭하다. 그러나 이렇게 되기까지는 매우 힘들고 그 과정에는 몇 개인가의 난관도 있다.

첫 번째는 완벽주의자가 자주 빠지는 어려움으로 잘못을 저지르지 않기 위해 입을 다물어버리는 일이다. '침묵은 금'이라는 속담도 있지만 회화를 학습할 때 입을 다물어버려서는 본말전도라고 생각할 수밖에 없다. 체코어에 'Chybami se člověk učí'(인간은 잘못을 거듭하는 것으로 배워간다)라는 속담이 있는데 실로 이 정신은 소중하다. 괴테Goethe의 파우스트Faust 안에도 'Es irrt der Mensch, solang er strebt'(사람은 노력하는 한 실수하는 존재다)라는 말이 있는 것처럼 아무것도 하지 않으면 오류를 범하는 일은 없겠지만 입을 닫고 있으면 회화는 향상되지 않는다. 회화에서는 '실수는 누구나 하기 마련'이라는 정신이 중요하다.

'좋은 식욕을!'

회화를 배울 때 느닷없이 어떤 테마에 대해서든 자유롭게 말할 수 있는 것은 아니다. 회화에서도 하나하나 학습해 나가야 할 스텝이 있다. 그러기 위해서는 우선 초기 단계부터 일상적으로 자주 사용하는 기본적인 인사말을 배우고 언제든지 사용할 수 있도록 해두는 편이 좋다. '안녕하세요!'라든가 '감사합니다!'라는 종류의 구를 말한다. 그러나 이러한 기본적인 인사말이라도 모든 언어에서 비슷하게 존재한다는 보장은 없다.

한국어의 경우 일본어의 '안녕'에 해당하는 구에, 그 자리에 남아 있는 사람과 떠나는 사람 사이에 서로 다른 말투의 인사말이 있다. 따라서 전화로 '안녕(헤어질 때 인사)'이라고 말할 경우엔 양쪽 모두 그 자리에 남아 있는 말투인 '안녕히 계세요', 거리에서 우연히 딱 만났을 경우엔 양쪽 모두가 사라지는 경우의 '안녕히 가세요'를 사용해야 한다. 영어의 'Good morning!'과 일본어 아침인사인 '오하요요おはよう' 사이에도 사용되는 시간에 미묘한 차이가 있

는 것은(전자는 정오까지 가능) 누구라도 경험하는 바이다.

일본어 '어서 드세요', '잘 먹겠습니다'와, 유럽 대부분의 나라에서 식사 때 사용하는, 문자 그대로 직역하면 '좋은 식욕을!'이란 인사에서는, 더더욱 큰 차이가 있다. 식사를 준비해준 사람은 '어서 드세요'란 표현을 하지만 '잘 먹겠습니다'는 손님 쪽만 말한다. 그러나 '좋은 식욕을!'이란 말은 양쪽 모두 사용할 수 있다. 따라서 친구들이 모여 레스토랑에서 식사를 할 경우 일본에서는 '어서 드세요', '잘 먹겠습니다'라고는 말하지 않는 것이 일반적인 반면, 유럽에서는 '좋은 식욕을!'이란 인사를 이러한 경우에도 보통 말한다.

나아가 '다녀오겠습니다'와 '다녀오세요', '다녀오셨어요'와 '다녀왔습니다'라는 한 쌍의 인사의 경우 수많은 언어에서 이에 해당하는 구를 찾는 데 고생하지 않으면 안 된다.

회화책·회화 학원이 초래하는 위험

가장 잘 사용하는 인사말과 1부터 10까지의 숫자만 배워 해당 외국어가 통용되는 나라를 여행해도, 전혀 외국어를 하지 못하는 것보다 얼마나 그 나라 사람과 친숙해질 수 있는지 종종 경험하는 바이다. 이것은 아주 조금만 노력해도 엄청난 효과를 높일 수 있는 방법이다. 이 방법을 더더욱 전개해가면 제각각 테마마다 여러 상황에서 자주 사용된다고 생각되는 어구들을 모은 '회화책'이란 것에 이른다. 이 회화책이란 사용하는 쪽이 자신에게 맞는 어구를 골라 사용하는 것으로 무턱대고 통째로 암기하는 것이 아니다.

애당초 이런 종류의 회화책은 유럽처럼 자동차로 조금만 내달려도 국경을 넘어 다른 언어가 사용되는 나라로 들어가는 상황을 상정해서 만들어진 것이 많다. '주유소는 어디에 있습니까?'라든가 '이 방을 여름 한철 빌릴 수 있습니까?'라는 구는 비행기를 타고 외국에 가서 극히 단기간에 몇 개나 되는 나라를 돌아다니는 일본식 여행에는 불필요하다. 게다가 하와이나 괌까지 포함하여 대부분 미합중국으로 가는 일본인들에게 외국어 회화라고 하면 우선 영어회화라는 말이 된다.

오늘날 영어는 영국이나 미국의 대다수 사람들의 모어일 뿐 아니라 국제적으로 가장 넓은 유효범위를 가진 국제어다. 이런 경향은 앞으로 더더욱 강해질 일은 있어도 당분간 끝날 것 같지 않다. 따라서 일본인이 뭔가 하나 외국어를 적극적으로 익혀두고 싶다고 할 때 영어를 선택하는 것은 원칙적으로 올바른 판단이다. 물론 이런 경향이 너무 지나쳐 외국에서는 어디서든 영어가 통할 거라고 생각하는 일본인을 만나는 일이 드물지 않다. '폴란드는 영어를 말하지 않습니까?'라든가 자신이 단 하나 알고 있는 외국어인 영어는 어디서든 통용될 거라고 생각하고 '프랑스에서는 의외로 영어가 통하지 않더군요'라는 말을 거리낌 없이 한다.

그런데 이런 사람들이 배우는 영어회화란 일본의 회화학원에서 배우는 한, 극히 일부의 예외를 제외하고 영어로 약간의 어구를 교환하는 정도에 지나지 않는다. 회화책 속에 제시되어 있는 구의 반복 이외의 그 무엇도 아닌 것이다. 회화란 자신이 상대방에게 말하고자 하는 것을 전달하고 상대방이 전달하려는 것을 듣는 것이다. 자신이 마침 해당 외국어로 알고 있는 구를 그저 사용해보는 것은 결코 아닌 것이다. 여기에 회화책이나 회화학원이 초래하는 위험성이 존재한다.

더글러스 러미스 씨의 체험

일본에서 배우는 영어회화가 가진 측면을 날카롭게 비판한 평론으로 더글러스 러미스Lummis,C.Douglas 씨의 '이데올로기로서의 영어회화'란 글이 동명의 평론집(「이데올로기로서의 영어회화ｲﾃﾞｵﾛｷﾞｰとしての英会話」쇼분샤晶文社,1976년)의 권두에 있다. 그 글에서 거론된 에피소드는 너무나도 적절하게 일본에서의 영어회화라는 것의 한 측면을 잘 묘사하고 있기 때문에 다소 길지만 인용해보고자 한다.

'마지막으로 영어회화가 얼마나 커뮤니케이션의 장벽이 되고 있는가에 대해 언급하겠다. 물론 영어회화를 공부한 사람들은 역으로 가는 방향을 묻거나 사고자 하는 물건의 가격을 묻는 것에는 능숙하지만 그것은 내가 다루고자 하는 커뮤니케이션의 종류가 아니다. 도대체 어찌해서 영어회화가 장벽으로서 작용하는지를 이야기하는 것은 어려운 일이지만 그것은 특정 내용을 이해하기 이전에 뭔가를 느낄 수밖에 없었기 때문이라고 해도 좋을지 모르겠다. 하나의 일화를 들어보겠다.

5년 전, 한해를 마감하는 어느 마지막 밤이었다. 한밤중에 나는 가나자와金沢에 있는 어떤 절의 경내에서 커다란 종이 울리는 것을 들으며 서 있었다. 그 해 겨울 첫눈은 몇 시간 동안 계속해서 내리고 있었고, 신년은 마치 신세계처럼 새하얗고 환상적으로 그 자태를 드러내고 있었다. 내가 거대한 종의 장엄한 울림에 귀를 기울이고 있자 한 남자가 다가와 물었다.
"죄송합니다만 영어로 당신에게 말을 걸어도 괜찮을까요?"
순간 복잡한 생각이 내 마음을 가득 채웠지만 "물론입니다"라
고 대답할 수밖에 없었다. 그러자 그는 틀에 박힌 질문 리스
트를 나에게 쏟아 부었다.

"어디에서 왔나요?"

"일본에 얼마만큼 있었지요?"

"가나자와에서 관광을 하고 있는 건가요?"

"이 의식이 뭔지 아나요?"

그의 질문은 의식 무드에 흠뻑 잠겨 있던 나를 흔들어 깨
우고, 종소리와 차가운 공기 내음으로부터 나를 밀어제치고,
'쇄국'이라는 침투 불가능한 벽 저쪽으로 몰아넣었다.

그의 말은 "I have a book"과 마찬가지로 상황에 어울리
지 못했다. 그가 했던 말은 모두 진정으로 나에게 하고 싶었
던 말이 아니었다. 그가 나의 대답에 진정 흥미를 가지고 있
었던 것도 아니었다. 그는 나에게 말을 걸었던 것이 아니라
나란 존재가 마침 그에게 생각나게 했던 외국인이라는, 그의
마음속의 뻔한 대상을 향해 말을 걸었을 뿐이다. 나에게 말을
걸고 있었던 것은 그 자신도 아니었다. 그가 암기했던 문장은
틀에 박힌 문구였으며 그 문장과 그 자신의 성격, 생각이나
느낌과의 사이에 뭔가의 관련이 있다고 믿기는 어려웠다. 그
것은 그저 두 개의 음성자료 사이에 행해진 회화였다.

마침내 그가 사라지고 내가 불쾌해하고 있는 것을 멀리서
지켜보고 있던 한 남자가 다가와 다정하게 미소를 지으며 일

본어로 나에게 말해주었다. "저런 식으로 영어를 말하는 일본인은 일본에 대해서 잘 모르니까 듣지 않는 편이 나아요." 나는 엄청난 감사의 마음이 밀려와 웃기 시작했다. 쇄국의 벽은 다시금 허물어졌다.'

'약간의 경박함과 내용'

외국어 회화라는 이름 아래, 자주 사용되는 구를 그저 두서없이 모아놓은 회화책에서 습득한 문장들. 그것을 아무리 달달 암송해봐야 진정한 의미에서의 회화가 능숙해지는 것은 결코 아니다. 옛 동창생 중 '러시아어 회화'의 달인이라고 평판이 높은 M군이라는 사람이 있었는데 이 M군은 이야기 도중이라도 모르는 단어가 나오거나 훌륭한 표현이 나오면 자신이 가지고 있는 노트를 펼쳐서 써두는 것이었다. 그러다 결국 이 M군은 지각 있는 러시아인이라면 그 누구에게든 빈축을 사게 되어버렸다. 그것은 M군이 말을 거는 것은 회화를 위해서가 아니라 회화 기술을 얻기 위해서라는 것이 모든 사람의 뇌리에 박혔기 때문이다.

단순히 표현 면에서 유창하게 외국어를 말할 수 있는 것이 아니라 진정으로 대화를 잘 하기 위해서는 어떻게 하면 좋을지, 어학의 신이라 불리는 S선생님에게 여쭈어봤던 적이 있다. 순간 눈을 감으시고 생각에 잠기셨던 선생님은 "약간의 경박함과 내용이지"라고 답변하셨다. 이 두 가지는 가장 중요한 포인트다. '약간의 경박함'이란 한마디라도 했다간 틀릴 우려가 있는 언어인 외국어를 말하기 위해 '실수는 누구든 하기 마련'이라는 각오가 필요하다는 말이다. 그리고 '회화의 생명은 바로 그 내용'이라는 것이다.

여기에 이르면 바야흐로 『외국어 잘 하는 법』의 문제가 아니라 교양의 문제이자 지성의 문제다. S선생님은 사람을 만나 그에 합당한 회화를 나누기 위해서는 항상 준비가 필요하며 끊임없이 책을 읽고 정치나 경제, 문화나 예술에 관심을 가지고 있어야 좋은 화제를 제공할 수 있다고 말씀하시는데 실로 지당하신 말씀이라 생각된다.

외국어와 일본어를 바꾸어 생각해보면 명백해진다. '저 사람은 단어를 많이 알고 있으니까'라든가, '센스 있는 표현을 하니까'라는 이유로 회화를 하는 것은 아니다. 회화를 함으로써 새로운 것을 알게 되고, 생각하게 만들고, 기쁨을 얻기 때문에 이야기를 하는 것이다. 이런 경지에 이르면 더 이상 외국어로 하는 회화와 일본어로 하는 회화 사이에는 아무런 차이도 없게 된다.

11

레알리에

문화·역사를
알지 못하면

같은 '차'라도…

체코어에 '레알리에réalie'라는 단어가 있는데 '어떤 시기의 생활이나 문예작품 등에 나타난 특징적인 세세한 사실이나 구체적인 데이터'라는 설명이 달려 있다. 이것은 본래 라틴어에서 온 단어로 영어에서도 realia, 독일어에서도 Realien, 러시아어에서도 pеалии라는 형태로 자취를 남기고 있으며 이러한 단어들은 모두 복수로 취급되고 있다. 이런 단어들은 각각의 언어에서 제각각 상이한 느낌의 의미를 띠고 있다고는 하지만, 대체적으로 체코어에서 쓰이는 의미로부터 크게 벗어나지 않는다.

이 '레알리에' 즉 '실제 생활에 필요한 사실과 정보'에 관한 지식이 외국어실력을 향상시키는 데에는 매우 중요한 역할을 담당하고 있다. 따라서 『외국어 잘 하는 법』의 마지막을 장식하는 장으로 이 '레알리에'에 대해 다루기로 하겠다.

우선 '실제 생활에 필요한 사실과 정보'란 것이 얼마나 중요한지, 내가 아니라 권위 있는 학자 분을 통해 들어보고자 한다. 그 사람은 바로 '문법' 장에서 이미 한번 성함이 나왔던 체코의 영어·영문학자이자 탁월한 일반언어학자인 빌헬름 마테지우스이다. 이 마테지우스에게는 『영어 따위 두렵지 않다－언어 체계에 대한 지침Nebojte se angličtiny–Průvodce jazykovým systémem. Praha, 1976』이란 문자 그대로 주옥같은 한 편의 글이 있다. 60페이지 정도의 팸플릿 안에서 모두 12장에 걸쳐 실로 요령 있게 영어의 구조에 대해 쓰고 있다. 사실 이 팸플릿은 1935년부터 1936년에 걸쳐 마테지우스가 라디오 영어 실용강좌에서 말했던 원고다. 이 원고의 마지막장이 '영국의 현실과 체코의 현실'이란 제목인데 거기에서 다음과 같이 언급하고 있다.

'여태까지 언급했던 바와 같이, 영국의 것과 체코의 것 중에는, 설령 동일한 의미를 가진 단어로 표현된다 해도 항상 그것이 동일한 대상을 가리킨다고는 할 수 없는 경우가 있다. 영어를 배우는 사람은 이런 사실에 보다 더 주의를 기울여야 한다. 그러므로 이 장에서는 영국의 현실이 체코 혹은 슬로바키아 현실과 여러 면에서 다르다는 사실에 대해 언급하고자 한다. 다음에 작은 일례를 들어보겠다.

'A cup of tea'는 간단히 말하면 '한 잔의 차'다. 하지만 이 말에 대한 영국인의 이해와 우리들의 이해는 동일하지 않다. 문제가 되고 있는 찻잔은 양쪽 모두 똑같을지 모르지만 그 안에 담긴 내용물은 각각 다르다. 일본의 경우는 소량의 중국산 혹은 러시아산 차를 우려내어 얻은 약간 탁한 황금색 액체로 여기에 설탕을 넣어 달콤하게 한 후 그대로 마시거나 레몬 즙, 혹은 럼주나 꼬냑을 첨가해 마신다. 그러나 영국에서는 중국산보다 훨씬 색이 진한 인도산 혹은 스리랑카산 차를 좀 더 다량으로 넣고 우려내어 만드는데 이렇게 얻어진 진한 갈색의 액체에 생우유를 섞는다.'

이렇게 말한 후 마테지우스는 차를 마실 때 먹는 'bread and butter'도 체코와는 다르다는 것을 언급하며 체코의 둥근 형태의 갈색 호밀 빵과 달리 영국의 경우 정육면체 혹은 직육면체의 하얀

밀가루 빵을 얇게 잘라 구운 버터를 살짝 바른 다음 그 면을 두 장씩 겹친다고 정성껏 설명하고 있다.

그 다음 토지 소유의 형태, 학교의 존재 양식의 차이에 대해서도 언급하며 아래와 같은 결론을 내린다.

'이상 언급해온 것들을 통해 영국의 현실과 체코의 현실이 가진 차이는 그저 세세한 점에 있는 것이 아니라 영국과 체코의 사회 구조가 서로 다르다는 점에 기인한다는 중요한 사실을 이해하셨을 것이다. 외국어를 배우는 커다란 의미는 이러한 차이에 대한 우리들의 인식도 포함된다.'

'이게, 샐러리 샐러드?'

똑같이 번역된 것이라도 현실에서는 전혀 다른 것을 가리키는 경우가 있다는 것에 대해 나에게도 역시 기억에 남는 추억이 있다. 유학 가서 얼마쯤 시간이 흘렀을 무렵, 프라하에 온 일본인을 안내해 레스토랑에서 식사를 했을 때의 일이다. 그 레스토랑에는 체코어 메뉴밖에 없었기 때문에 그 메뉴를 번역해야 할 지경에 이르렀다. 아울러 말해두자면 메뉴 번역이란 어려운 법이다. 그리고 매우 위험하다. 그도 그럴 것이 오역을 하면 금방 눈앞에 결과가 나타난다. '네, 여기 요리 나왔습니다'라는 순간에 말이다. 그때도 스프와 메인 요리는 무사히 통과했는데 테이블에 나온 샐러드에서 걸려버렸다. 나는 내 걸로 오이 샐러드를, 상대방에게는 샐러리 샐러드를 부탁했는데, 샐러리 샐러드 쪽은 순무 절임 같은 것이 나와버렸다.

"저기, 자네. 이게 샐러리 샐러드?"

"잘 번역했다고 생각했는데……."

"샐러리 알아? 하얗고 대파 비슷하고 쌀캉쌀캉 씹히는 맛이 있고 특유의 향기가 있어. 이건 순무지 뭔지 아냐?"

"한번 물어볼게요."

"이거 아니라고 교환해줄 수 있을까?"

"죄송합니다. 이거, 샐러리 샐러드입니까?"

"네."

상대방은 불만스럽다는 듯이 그 채소절임을 먹었지만 한가운데 부분을 먹었을 때, "앗, 이거 샐러리다. 샐러리 향기가 나" 하고 괴상한 소리를 냈다. 나중에 알게 된 일이지만 체코에서는 유럽의 몇 개 나라가 그런 것처럼 샐러리 줄기는 먹지 않고 커다란 토란 같은 뿌리 부분만 먹는다. 대부분의 경우 스프의 맛을 내는 데 사용하며 때로는 껍질을 벗겨 얇게 썰어 식초로 간을 한 액체에 담가두었다가 꺼내 먹는다고 한다.

이런 예라면 일일이 다 열거할 수 없을 정도다. 또한 똑같은 행위가 전혀 다른 의미를 가진 경우도 있다. 한 예로 빵을 비닐 주머니에 넣는 이유를 들자면, 일본은 눅눅해지지 않게 하기 위해서인데 체코에서는 너무 말라버릴까 봐 넣는다고 한다. 그리고 언젠가 '이렇게 비가 내리면 배가 지나갈 수 없겠네요'라는 말을 듣고 나도 모르게 비 내리는 하늘을 올려다본 적이 있었다. 체코는 바다가 없는 나라이기 때문에 강의 교통은 화물 운반에 중요한 의미를 가지고 있다. 하지만 그 정도까지 내리지는 않는 비 때문에 강을 지나칠 수 없게 된다는 이야기는 도무지 이해할 수 없었다. 알고 보니 이것은 비가 너무 내리면 강물이 불어나 도시 한가운데 있는 다리에 배의 윗부분이 걸려버리기 때문이었다.

왜 '레알리에'가 중요한가

이러한 '레알리에'가 어학 습득과 관계있다는 주장은 도대체 어떠한 의미를 가지고 있는 것일까. 그 점에 대해 생각해보자.

'레알리에'라는 단어를 사전에서 찾아보면 체코어로 reálie라고 되어 있으며 이 장의 첫 부분에서 제시했던 '어떤 시기의 생활이나 문예작품 등에 나타난 특징적인 세세한 사실이나 구체적인 데이터'라는 정의가 부여되어 있다. 그런 다음 '현실적인 지식이나 정보'라고 되어 있으며 그 다음 예로서 '그리스나 로마의 레알리에, 근대적 레알리에의 지식'이라는 용례가 나와 있다(Slovník spisovného jazyka českého III. Praha, 1971). 이 정의의 가장 첫 부분에 관해 말하자면 폴란드에서 나온 『문예술어 사전Slownik terminów literackich, 1979』에 제시된 폴란드어 realia의 의미와 마찬가지다. 애당초 생활이나 작품 안에 나온 세세하고 구체적인 사실들을 가리키고 있는 것이다.

영어로 '레알리에'를 life and thought라고 번역하는 것은 그 때문이다. 영어의 realia란 단어는 '실물교재(일상생활을 설명하기 위해 사용되는 화폐나 도구 등)'(『리더스 영일사전リーダーズ英和辞典』 겐큐샤研究社,1984년)라

는 한정된 의미로 사용된다. 이 점은 독일어에서도 마찬가지여서 Realien은 '1 사실, 실체. 2 전문지식. ……'(「독일대사전独和大辞典」 쇼갓칸小学館, 1985년)이라는 식으로 번역된다.

이와 같은 사항들을 보면 알 수 있듯이 체코어나 폴란드어에서의 의미가 영어나 독일어에서는 다소 협의로 한정되어지며 구체화되고 있는 것 같다. 그리고 주목해야 할 점은 체코어의 용례에서 제시되어 있는 '그리스의 레알리에, 로마의 레알리에'라는 조합으로, 본래 그리스나 라틴 고전어를 읽는 데 이 레알리에의 지식이 필요했다는 것을 나타내고 있다.

애당초 언어란 그 자체가 목적이 아니라 전달을 비롯한 몇 가지 기능을 다하기 위해 존재한다. 즉 언어는 '자목적自目的'이 아니라 '타목적他目的'이다. 그리고 언어는 그 자체로 단독으로 사용되는 것이 아니라 반드시 어떠한 상황 속에서 사용된다. 이 상황은 여러 가지 정보를 언어에 부여한다. 따라서 이 상황을 잘 이해하고 있으면 해당 언어에 대한 이해가 쉬워진다. 언어가 전달하는 내용이 구체적으로 파악되면 해당 언어에 대한 이해가 더욱 용이해질 것은 자명한 일이다. 바로 이 점이 레알리에가 중요시되는 이유다.

전달을 지탱하는 정보

지금 여기서 다소 성급하게 언급해왔던 것에 대해 구체적인 예를 들면서 되풀이해보자. 전화가 울리고 수화기를 든 단계에서는 아직 아무것도 모르지만 다음의 한마디만 들어도 벌써 여러 가지 일들을 알 수 있다. 적어도 남자인지 여자인지를 알 수 있고, 상황에 따라 연령도 어느 정도 한정할 수 있다. '처음으로 전화를……'이라고 하면 미지의 사람과 이야기를 나눌 마음의 준비가 생기고, '다로 씨'란 소리를 들으면 그렇게 불러도 되는 사이의 사람이라고 한정된다. 여기까지 오면 목소리의 성격으로 이미 대부분의 경우 특정 개인을 한정할 수 있고, 테마는 일에 관한 것인지, 술을 마시자는 것인지, 마작을 함께 하자는 것인지, 등등 몇 가지로 한정된다.

전달을 보조해주는 이러한 정보는 비단 청각만으로 한정되지는 않는다. 만약 전화가 아니라 당사자 본인이 직접 온 것이라면, 남자·여자, 대략의 연령뿐 아니라 얼굴 표정이라든가 태도, 나아가 복장이나 소지품을 통해서도 여러 가지 정보를 얻을 수 있다. '어느 날 집에 돌아왔더니 응접실에 낯선 세일즈맨이 유유히 커피를 마시고 있어서 깜짝 놀랐다'라는 이야기를 들었는데 그것은 이 사람의 사모님이 외국인이라 언어 외의 정보를 잘못 파악했기 때문이다. 또한 복장이 주는 정보를 알지 못하면 처음으로 가부키歌舞伎를 본 외국인이나 처음으로 오페라를 본 일본인처럼 어느 쪽이 여주인이고 어느 쪽이 하녀인지 분간이 안 가는 것도 비슷한 원리다.

똑같이 야구 시합을 방송하는데 라디오 아나운서가 텔레비전 아나운서보다 훨씬 말을 많이 해야 하는 이유는 텔레비전이라면 눈으로 직접 들어올 정보에 대해서도 라디오 아나운서는 일일이 해설해야만 하기 때문이다.

풍속·습관도 언어가 전달하는 정보를 지탱해준다. 체코슬로바키아 같은 나라 몇 개국에서는 '이거 가지고 있지 않아?'라고 말하며 가볍게 주먹을 쥐고 엄지손가락과 중지 끝을 가볍게 비벼댄다면 바로 그게 '돈'을 의미한다는 것을 이해해야 한다. 또한 불가리아 같은 곳에서 머리를 상하로 흔드는 것은 '아니요'이며 좌우로 흔드는 것이 '예스'라는 것도 혹시 미리 알지 못하면 낭패를 면하기 어렵다.

나아가 말 그 자체 안에도 직접 전달되는 것 이외의 정보가 있다. 보통 일본인이라면 사라시나更科·야부藪·쇼게쓰안松月庵과, 라이라이켄来来軒·고라쿠한텐幸楽飯店·만친로万珍楼에 대해, 어느 쪽이 일본식 소바 가게고 어느 쪽이 중국식 면류를 취급하는지 모를 사람은 없을 것이다. 또한 포치ポチ·치비チビ·타로タロ(모두 개의 애칭―역자 주)와 미케ミケ·다마タマ·도라トラ(모두 고양이의 애칭―역자 주)의 경우 이것이 제각각 무슨 동물인지 모를 사람도 없을 거라 생각된다. '그런데 영어를 몇 년이나 배워왔던 독자 여러분, 영어로 개나 고양이 이름을 얼마나 알고 계십니까?'――그 대답은 간단하다. 이 외국어 잘 하는 법에서는 불필요한 것은 암기하지 않는 주의이기 때문에 '영국이나 미국에 가서 개나 고양이를 키울 때 조사하면 된다'고 대답하면 된다. 게다가 개나 고양이라면 일본의 이름을 붙여도 상관없다. 그러나 영어를 모어로 하는 사람이라면 당연히 알고 있는 것에 대해 외국어로서 영어를 사용하는 사람이 모를 수도 있는 것 역시 사실이다. 레알리에는 이러한 양자의 차이를 보완해가고자 하는 데 의미가 있다. 인명이든 지명이든 고유명사는 가장 정도가 심한 것으로 그런 것들을 알고 있는지 모르는지는 전체의 이해에 커다란 영향을 끼친다.

언어가 주위 상황으로부터 분리되지 못한 채 그 상황이 부여하는 여러 정보와 함께 사용되는 한 그러한 정보를 정확하게 포착하는 것은 해당 언어를 이해하는 데 매우 중요하다. 게다가 언어 그 자체가 전달하려는 내용을 이해하는 것은 더더욱 중요하다. 언어 기호가 형식과 내용을 가질 때, 그 내용을 잘 이해하는 데 레알리에의 지식은 실로 중요한 역할을 맡고 있다.

지식부족으로 번역하면서 고생

외국어를 이해한다는 것은 무척 어려운 일이다. 듣거나 읽은 내용을 잘 이해하기 위해서는 모어를 말하는 사람이 의식해서, 혹은 의식하지 않은 채 몸에 익혀둔 레알리에의 지식을 외국어 학습자는 의식적으로 배워두지 않으면 안 된다. 그 극단적인 일례인데 카프카Franz Kafka의 『아메리카』를 번역하고 있을 당시 접했던 다음과 같은 구절이 있다. 그것은 주인공 청년이 폭력배처럼 보이는 감시자들에게 감금당하고 있던 방에서 도망치려고 하는 장면이었다. 주인공이 열쇠로 잠겨 있는 방문을 어떻게든 열고 도망치려고 발버둥을 치는데 그 방문은 양쪽으로 열리는 여닫이문이었다.

'거기서 카를은 닥치는 대로 두 개의 나이프를 손에 쥐고는 그것을 양쪽으로 열리는 여닫이문의 문틈 사이에, 두 개의 힘을 가하는 지점이 벌어질 수 있도록 한 자루는 자물쇠 위로 나머지 한 자루는 자물쇠 아래로 쑤셔 넣었다. 그러나 나이프로 비틀어 열려고 하자마자 나이프의 칼날은 허무하게도 두 동강이 나버렸다. 부러진 나이프 쪽이 억지로 여는 데 좀 더 잘 쓸 수 있을 것 같아서 이제 카를은 그것이 잘 버틸 수 있도

록 하는 것 이외에 아무것도 바랄 수 없게 되었다. 그래서 이
번엔 혼신의 힘을 다해 양쪽 손은 크게 벌리고 양 다리도 넓
게 벌려 신음소리를 내며 문이 어떻게 되는지 가만히 관찰했
다. 그리 오랫동안 수고스럽지는 않을 것이다. 그것을 카를은
문고리가 풀리는 소리가 기쁘게도 분명히 들리는 것을 통해
알 수 있었다. 힘을 가하는 것은 서서히 하면 할수록 바른 방
식이며 자물쇠가 바로 열리면 안 되는 것이었다.'

『카프카전집 4 아메리카カフカ全集 4アメリカ』

신초샤新潮社, 1981년)

여기서 이 기나긴 문장을 인용한 주된 목적은 묵직한 여닫이문
이 집안에 있는 서구식 주택에 오랫동안 살아봤던 사람이라면 누
구라도 알고 있는, 이 열쇠를 여는 방식——양쪽 두 면으로 구성
된 문은 한가운데에 있는 열쇠의 상하 10센티미터 정도 되는 곳
으로 나이프를 한 쪽씩 끼워 넣어 살짝 힘을 더하고 문짝이 벌어
지는 것을 기다린다——는 것을 역자가 몰랐기 때문에 여러 가지
로 고생한 번역이었다는 사실이다. 이처럼 레알리에의 지식 부족
이 외국어로 작성된 문장에 대한 이해를 방해하는 것은 종종 있는
케이스다.

'배면뛰기'란?

예를 들어 한 번도 본 적 없는 것을 말로만 들어서는 좀처럼 이
해하기 어렵다. 그 좋은 예로 지금부터 16, 7년 전에 일어난 어떤

사건을 전하고자 한다. 당시 일본 체육관계자가 받았던 한 통의 편지에는 새로운 높이뛰기 방식이 적혀 있었는데 누구도 그 방식이 어떠한 것인지, 그 편지를 아무리 읽어봐도 이해할 수 없었다. 오늘날 말하는 이른바 '배면뛰기'다. 1968년 멕시코 올림픽에서 미국의 포스버리Fosbury가 이 방식으로 우승하여 인기를 얻었던 기술이다. 하지만 텔레비전에 그 영상이 나오고서야 비로소 '아아, 이렇게 넘는 거구나' 하고 알았던 것이다. 처음에는 등을 바닥 쪽으로 해서 점프대를 거꾸로 뛰어넘는다는 생각 자체를 감히 아무도 못 했다. 사실을 알지 못하면 말만으로는 얼마나 이해가 곤란한지, 이 예를 통해 잘 이해하셨을 것으로 생각한다. 즉 언어 외현실 지식──레알리에가 얼마나 중요한지를 잘 알 수 있다.

따라서 자신이 본 적이 없는 수메르Sumer(메소포타미아의 가장 남쪽 지방으로 오늘날 이라크의 남부 지역-역자 주)나 이집트 시대부터 오늘날까지, 극한의 에스키모부터 사막의 베두인Bedouin(중동의 사막에서 유목생활을 하는 아랍의 유목민-역자 주)의 생활 등, 다루는 대상에 따라 계속해서 이질적인 레알리에의 지식이 요구되는 번역가는 매우 어려운 직업이다. 조금이라도 방심하면 자칫 오역할 수 있는 위험이 도사리고 있기 때문이다.

문화 기반을 배우라

여기까지 생각해보니 비로소 오랜 세월 품고 있던 하나의 의문이 풀리게 된다. 스포츠 선수라면 20대·30대에 절정을 맞이하여 그 이후 하강 국면에 접어드는데 외국어실력은 해가 갈수록 상승

하는 이유는 과연 무엇일까 하는 의문이었다. 분명 오랜 시간에 걸쳐 어떤 외국어를 가까이 하면 알고 있는 단어의 수도 증가하고 관용구에도 능통하게 되며 문법구조도 금방 이해하게 된다. 그러나 이러한 경험이나 익숙함만으로는 온전히 설명할 수 없는 뭔가가 있다고 느끼고 있었다. 실은 바로 레알리에 지식의 양이 축적된 결과라 할 수 있다.

셰익스피어에 대한 평론을 읽을 경우 셰익스피어를 읽어본 적이 있는가의 여부에 따라 그 이해에 큰 차이가 있는 것은 당연하다. 기계를 다뤄본 적이 없는 사람이 기계에 대해 듣거나 읽어도 이해하기 어려운 부분이 있는 것은 바로 그 때문이다. 자신이 알지 못하는 내용에 대해 듣거나 읽었을 때 그 이해가 매우 어려운 것은 모어의 경우에서도 마찬가지다. 하물며 그것이 외국어라면 더더욱 곤란해질 것이다.

이런 경우는 극히 간단한 brother라는 단어를 번역할 때에도 주의해서 번역하지 않으면 오류를 범할 때가 있다는 것을 의미한다. 남동생이 먼저 죽고 형이 동생의 일을 이어받아 활약했던 형제의 이야기를 읽었을 때, 동생에 대해 형이라 번역되어 있는 것을 발견한 적이 있다. 이 정도라면 그저 부주의라고도 할 수 있지만, 한편으로는 그런 사실을 모른다는, 레알리에 부족이기도 하다. 러시아어 통역을 하고 있던 어떤 일본인이 '코조의 달'이란 노래를 '황성의 달荒城の月'이 아니라 '공장의 달工場の月'이라고 통역했다는 에피소드가 있다(20세기 초의 저명한 엔카. '황성'과 '공장'은 동음이의어—역자 주). 이 경우 이 사람이 소비에트에서 생활한 지가 아무리 오래되었다고 해도 너무나도 명곡이기 때문에 레알리에 지식 부족을 비판당해도 어쩔 수 없다.

레알리에란 학문처럼 체계적인 것이 아니다. 그러나 그 축적은 상식의 일부를 이루는 것이며 외국어실력 향상을 위해 필요한 것이다. 해당 외국어의 배경이 되고 있는 레알리에에 정통하다는 것은 결국 그만큼 넓은 지식이 요구된다는 말인 것이다. 요컨대 평소부터 학습하고 있는 외국어의 배경을 잘 알 수 있도록 해당 외국어를 지탱하고 있는 문화 기반에 대해 배워야 한다는 말이다. '회화실력 향상에 필요한 것은?'이라는 물음에 '내용'이라는 답변이 나온 것과 비슷한 발상이다.

맛을 내기 위한 특별한 조미료처럼…

『외국어 잘 하는 법』의 마지막을 이루는 이 장에서는 레알리에라 불리는 것이 무엇인지, 그것이 어째서 외국어실력 향상을 위해 필요한지에 대해 진지하게 검토해보았다. 언어란 그 자체만으로 존재하는 것이 아니라 반드시 상황과 함께 존재하며 그로부터 여러 가지 정보를 얻고 있다고 설명했다. 그리고 그런 상황에 대한 숙지가 해당 언어 이해에 큰 도움이 된다는 것에 대해서도 언급해왔다.

특히 해당 언어가 외국어라면 모어를 말하는 사람이 가지고 있는 레알리에에 끊임없이 다가감으로써 레알리에 지식이 축적되고 그 결과 보다 올바르게 해당 외국어를 이해할 수 있게 된다. 따라서 해당 외국어를 지탱하고 있는 문화, 역사, 사회……등 여러 분야 지식을 쌓아두면, 외국어를 이해할 때 마치 맛을 내기 위해 살짝 집어넣는 특별한 조미료처럼 점차 그 효과가 발휘될 것이다.

166

12

요약

언어를 알면
인간은 성장한다

슐리만의 학습법

외국어를 배우는 데는 요령이 있다. 그것을 의식하면서 학습한다면 반드시 외국어를 자신의 것으로 만들 수 있다——라는 주장을 뒷받침하는 여러 가지 구체적인 예를 보여드리는 사이에 어느덧 '요약'까지 와버렸다. 여기서 다시 한번 '들어가며' 중에서 얘기했던 슐리만의 이야기로 돌아갈까 한다.

슐리만이 계속해서 외국어를 습득해가는 모습은 실로 통쾌하다. 때로는 미소마저 짓게 된다. 예를 들어 러시아어를 자신의 것으로 만들 때, 그 도시에는 러시아어를 말하는 사람이 아무도 없었기 때문에 러시아어를 전혀 모르는 유태인을 찾아내어 그 사람에게 돈을 지불하고 매일같이 오게 하면서 그 사람을 눈앞에 두고 러시아어를 배웠다고 한다. 하지만 여기까지 이 책을 읽어오신 분들은 언뜻 보면 바보 같은 짓으로 보이는 슐리만의 학습법이 제법 학습 원칙을 잘 따르고 있다는 사실을 알아차릴 것이다.

우선 러시아어를 배우는 것은 이 언어를 할 수 있으면 돈 버는데 도움이 된다는 강한 동기가 있었기 때문이다. 여기서 잠깐 옆길로 새는데, 현재 일본에서 습득해두면 언젠가는 도움이 될 가능성이 큰 외국어 중 하나가 러시아어다. 수많은 문학청년들을 매료시켰던 러시아문학 때문만은 아니다. 세계는 바라든 바라지 않든 두 가지 사회 체제로 정리되어가고 있으며 러시아어는 그 한쪽에서 공통어로 쓰이기 때문이다. '21세기에 어떠한 인간상이 기대될까'라는 물음에 많은 사람들이 '외국인과 대등하게 일을 할 수 있는 사람'이라고 답하는 것으로 봐서 영어 다음이라 할 수 있는 국제어인 러시아어를 등안시할 수는 없다. 너무나도 매력적인 타이틀 『서기 2000년-가교와 깊은 심연으로서의 언어Rok 2000, jazyk jako most i propast, Praha, 1982』에 매료되어 읽었던 이 책에서는 현재에도 이미 러시아어의 지위는 확실히 상승해 있으며 화학 분야에서는 세상에 나온 논문의 제목이 모두 영어 혹은 러시아어로 번역되어 있다고 한다.

뭐니 뭐니 해도 러시아는 일본의 이웃나라이며 금후 일본과의 교류에 발전성이 기대되고 게다가 러시아어는 습득에 몇 년이나 걸리는 시작이 어려운 언어다. 이런 사실을 알면 배워야 할 이유가 있는 언어 중 하나라고 말할 수 있을 것이다.

한편 슐리만 이야기로 돌아가면, 돈을 벌고 싶다는 동기가 있고 학습에 대한 확고한 의지도 있어서 시작했던 이 희한한 학습법도, 돈이 든다는 것과 정기적으로 학습을 반복한다는 점에서는 완전히 합리적이다. 어학이란 것은 모든 학습 가운데 가장 반복이 요구되는 분야로 기억을 확실하게 유지하기 위한 최대의 무기는 끊임없는 반복이다. 게다가 러시아 같은 굴절 타입의 문법 항목이 많은 언어에서는 텍스트 암기가 도움이 된다는 것이 예전부터 잘 알려져 있다.

'반복은 망각의 특효약'

체코어 전문가로 알려져 있으며 본인 스스로가 매우 탁월한 교육자였던 블라디미르 슈미라우엘 교수의 『문헌학적 작업의 기술 Vladimír Šmilauer : Technika filologické práce, Praha, 1958』에 다음과 같은 언급이 있다.

'정신적 작업의 주의사항. 우선 첫 번째로 꼽을 수 있는 원칙은 자신의 힘을 과신하여 혹사하지 않을 것. 특히 젊은 사람들은 그리 해서는 안 된다. (30세를 넘으면 이미 그다지 위험하지는 않다) 내 부친처럼 총명한 벗이 자주 말하기를 "8 곱하기 40과, 16 곱하기 20은 모두 똑같은 320이다"라는 것이다. 이 말이 의미하는 바는 "40년간 8시간 일하는 것은 1일 16시간씩 일해서 20년으로 완성되는 것과 시간적으로는 똑같다는 것에 있다(그러나 이렇게 하루당 시간이 적은 시간비율의 작업 쪽이 좋은 결과를 낳는다는 것을 고려하지 않은 이야기다)." 만약 혹사를 한다면, 차분히 일에 대해 고민하는 것도, 합리적으로 진행시키는 것도 어려워진다. 보다 소중한 것은 단기간 엄청나게 집중하는 것보다 학습을 규칙적으로 지속해가는 것이다.'

물론 나는 독자 분들에게 1일 8시간씩 공부하라는 따위의 말을 할 생각은 없다. 그러나 외국어 학습을 시작했다면 규칙적으로, 설령 짧은 시간이라도, 매일 하는 것이 중요하다. 다이어트나 조깅과 마찬가지로 조금씩이라도 매일매일 하는 편이 좋다. 또한 약간의 기억력 감퇴가 느껴지는 사람들이 젊은 사람들에게 대항할 수 있는 유일한 수단은 유감스럽게도 정기적인 학습뿐이다. 그 유명한 코멘스키도 이 점에 대해 '반복은 망각의 특효약'이라고 말하고 있다. 연배의 사람이 소량의 선택된 음식물을 잘 씹고 천천히 먹는 것처럼 외국어 습득에서도 잘 선정된 예문이나 어휘를 천천히 규칙적으로 외워가는 것이 가장 올바른 학습법이다.

외국어 학습서를 썼던 수많은 사람들의 다양한 충고 가운데 규칙적으로 반복할 것, 가능하면 매일 학습할 것, 이것은 모든 저자가 예외 없이 권하고 있는 방법이다.

이 책 안에서 이미 몇 번인가 등장한 J.토만 박사는 자신의 저서 가장 마지막에 '외국어학습의 결론으로서'라는 장을 만들어 그 글에서 다시 한번 다음과 같은 점에 주의를 촉구하고 있다.

'외국어를 습득할 시에는 그다지 거창하지 않은 소박한 목표를 세워 수행해가는 편이 좋다.'

그리고 마지막으로 코멘스키를 인용하자면, '외국어를 배우고 싶은 사람은 순서대로 계획을 세워 공부해야 한다. 우선 이해하도록 하고, 이어 쓸 수 있도록 하고, 그런 후 말하는 것을 배우는 편이 좋다.'

'의욕'이 공전을 거듭하지 않도록 하기 위해

옛날부터 있었던 학습법 중 여전히 도움이 될 거라고 생각되는 것은 모두 이 책 속에 담아보았다고 생각한다. 지금까지 이 책에서 언급된 것은 슐리만이 알고 있었던 것보다 훨씬 많고 게다가 과학적으로 질서가 잘 잡혀 있다. 어휘 습득이든 학습서나 교사나 사전 선택이든, 모두 언어학적 기초에 근거해서 해설하였다. 발음이든 회화든 레알리에든, 슐리만이 얻었던 정보보다 훨씬 많은 내용을 담고 있다. 즉 여러분들이 어떤 어학을 습득할 때 지금까지보다 훨씬 좋은 수단을 가지게 됐다는 말이다. 이 점은 슐리만이 음성자료도 라디오강좌도 좋은 문법책도 좋은 사전도 가지고 있지 않았던 점만 봐도 명백한 사실이다. 단 슐리만은 현대인이 1일 평균 몇 시간이나 귀중한 시간을 빼앗기고 있는 텔레비전을 가지고 있지 않았다. 물론 텔레비전에도 어학 프로그램이 깊이 침투해 있어 몇몇 기본 언어를 연구하기 위해서 다양한 방법이 시도되고 있다. 하지만 텔레비전의 어학 프로그램은 말을 배우고 싶다고 생각하는 사람들의 관심을 그 언어에 집중시키려고만 할 뿐 텔레비전을 통해 외국어를 잘 할 수 있게 되는 것은 아니다. 이 점은 이 책을 여태까지 읽어오신 독자 분들에게는 이미 이해가 되실 것이다.

이 책의 향상법은 어학을 배우고 싶고, 그를 위해서라면 시간이든 돈이든 일정한 희생을 각오하고자 하는 사람들에게 도움을 주겠지만, 그렇게 생각하지 않는 사람까지 능숙해지도록 만드는 것은 아니다. 결코 독자 여러분을 말에 비유할 생각은 없지만 '말을 물가까지 끌고 오는 것은 쉽지만 물을 마시게 하는 것은 어렵다'라는 속담은 이 경우 잘 응용할 수 없다. 어학을 배우고 싶어 하는 사람에게 물을 마시는 방법을 가르치는 것이 향상법이지 외국어에 관심이 없는 사람을 배우도록 하게 하는 것이 향상법은 아닐 것이다. 물론 배우고 싶다는 마음은 있지만 너무 어려울 것 같아서……라며 뒷걸음질만 치며 시작하지 않았던 사람은 이 책의 소중한 독자다.

여러 가지 테크닉에 대해 말해왔지만 테크닉은 어차피 테크닉일 뿐, '의욕' 앞에서는 그 존재가 약해진다. 제6장 '학습서' 마지막 부분에 쓴 그대로다. 그러나 그런 의욕이 공전을 거듭하지 않도록 하겠다는 의지에 이 작은 책의 의미가 있을 것이다.

독자들에 대한 부탁

이런 책을 쓴 저자가 마지막으로 언급해야 할 것은 무엇일까. 토만 박사의 결론은 다음과 같은 말로 시작되고 있다.

'이 책을 읽으신 것이 시간 낭비는 아니셨는지요? 만약 이 책을 보통 대부분의 사람들이 읽는 방식으로 읽으셨다면 오늘부터 일 년도 지나지 않아 거의 아무 것도 기억하시지 못하겠지요. 이 책을 읽었던 시간은 쓸모없어지는 것입니다.

독서의 효용이란 책 안에 담긴 사고방식이 뭔가 도움이 된다고 할 때 비로소 그 효과가 있었다고 말할 수 있는 것입니다. 여기서 권하고 있는 학습 방식이 올바르다고 믿는다면 "철은 뜨거울 때 쳐라"라는 말처럼 하셔야 합니다. 오늘 안에 여기서 언급된 것들을 하나라도 응용하겠다는 마음을 가져주세요.'

나는 이 정도의 자신감까지는 없지만 이 책의 독자 분들에게 부탁이 하나 있다. 여기서 언급된 것들은 그다지 성적이 신통치 않았던 한 인간이 외국어를 배워오는 동안 겪었던 고생을 총결산한 것으로 머리가 좋으신 분이라면 이미 이런 것들은 진작 알고 계셨을 것이다. 혹은 의식하지 않아도 저절로 몸에 익힌 상태로 나의 신과 같은 선생님들처럼 라틴어 시를 음미하거나 애거사 크리스티Agatha Christie(영국의 추리소설 작가—역자 주)의 추리소설을 영어로 즐기고 있을 것임에 틀림없다. 내가 바라는 바란 '이 책을 읽고 향상법 지식에 대해 잘 알게 되었다'라는 것이 아니라, '이 책에 쓰여진 그대로를 실제로 이용하여 외국어를 잘 할 수 있게 되었다'라는 경험을 얻길 바란다는 점이다.

'목적파'와 '수단파'

쓸데없는 이야기는 여기까지. 외국어를 배우고자 하는 사람들의 목적은 크게 두 가지로 나뉜다. 한쪽은 외국어를 배워서 그에 대해 아는 것이 목적인 사람이다. 나의 은사 R선생님이 계속해서 여러 외국어를 자신의 것으로 하시고 해당 문법구조에 통달하여 자신의 언어학 연구에 큰 도움이 되게끔 하신 것은 이런 예다. 언어학을 전공하는 사람이 어떤 언어를 배우는 것은 해당 외국어를 아는 것이 목적이며 그것이 그 사람의 연구에 도움을 준다. 도움을 얻겠다는 목적 없이 외국어를 배우는 것 그 자체를 목적으로 하는 사람은 비극이다.

한편 외국어 그 자체를 목적으로 하는 사람을 가령 '목적파'라고 부르기로 하겠다. 목적파에게는 언어학을 배우고 있는 사람처럼 '목적 이용파'와 그저 외국어를 배우는 것이 목적인 '목적 그 자체파'가 있다. 전체적으로 보면 목적 이용파는 극히 소수의 사람들이며 목적 그 자체파는 그보다 훨씬 많다. 이 파에 속한 사람들은 이윽고 목적 이용파나 후술할 '수단파'로 바뀌는 것은 가능하지만 그 존재 자체에 레종데트르(존재 이유)가 없고 어학 습득에 실패할 가능성이 높은 그룹이다.

어학 습득의 이유 중 가장 유력한 그룹은 '수단파'라 불리는 그룹이다. 이 파에 속한 사람들은 어학을 습득해서 수단으로 삼고자 하는 사람들이다. 어학학습에서는 최대의 그룹을 형성하고 있으며 이 사람들은 어떤 외국어를 자기 것으로 만들고 그것을 사용하여 일을 하고자 하기 때문에 학습 목적이 분명하다. 따라서 목적 그 자체파보다 성공률은 높아진다. 독자 여러분에게는 여기서 자신이 어느 파에 속하는지 생각해볼 것을 권한다.

어떤 외국어를 배울까

다음으로 '어떤 외국어를 배울까'라는 선택의 문제로 넘어가자.

목적파 사람들에게는 본래 어느 외국어를 배울까는 문제가 되지 않는다. 하지만 언어 구조가 다른 편이 보다 깊은 흥미를 느낄 수 있다는 점은 사실이다. 구조가 전혀 다른 언어를 몇 개인가 배우는 것은 그 사람의 언어관을 보다 안정된 것으로 만들고 언어학 전반에 대한 폭넓은 시야를 부여해준다. 언어학 역사상 큰 업적을 남긴 언어학자가 모어와는 전혀 구조가 다른 언어를 연구해왔던 예는, W.v.훔볼트Humboldt(독일의 언어학자, 철학자, 외교관, 교육개혁가—역자 주)의 자바섬의 카위어에서 시작되어, H.G.C.v.d.가벨렌츠Hans Conon von der Gabelentz(독일의 언어학자, 민족학자, 정부관리—역자 주)의 중국어, H.슈하르트의 바스크어, A.H.가디너Gardiner(영국의 이집트 학자—역자 주)의 이집트어, E.사피어(미국의 언어학자, 심리학자—역자 주)의 여러 인디안 언어, E.D.폴리바노프Polivanov의 일본어(한국어의 알타이어 기원에 관한 이론 등을 논한 소련의 언어학자, 음성학자–역자 주), R.야곱슨Jacobson의 니브코어(사할린 등지에 사는 니브코Nivkh 민족 고유어–역자 주)……등등 일일이 열거하면 한이 없다.

일본어를 모어로 하고 영어가 다소 가능한 사람들에게는 명사나 동사 모두 수많은 변화 형식을 가진 고대 그리스어, 라틴어, 산스크리트어, 현대어로는 폴란드어, 체코어, 러시아어, 그리고 독일어 등의 굴절 타입의 언어, 세 가지 자음에 의미를 맡기고 그 사이의 모음이나 접사가 변화하는 아라비아어나 헤브라이어 등의 내부 굴절 타입의 언어, 혹은 일본에 있으면서도 일본인들에게 그다지 알려져 있지 않은 아이누어 등이 좋다. 지금 언급한 언어들은 일본어로 된 문법서나 학습서가 있으며 사전도 있는 경우가 많다. 영어나 러시아어를 매개로 해도 두렵지 않다면 에스키모어라든가 스와힐리어(아프리카 동부에서 널리 쓰이는 반투어군 언어–역자 주)라든가 조지아어……등으로 그 레퍼토리가 넓어짐과 동시에 이런 언어가 있었나 하고 눈이 휘둥그레질 만큼 수많은 언어가 있다. 그리고 이러한 것들을 모두 배우기 위해서는 인생이 너무나 짧다는 사실을 알아차리게 될 것이다. '인생은 짧고 언어는 많다!' 만약 계속해서 외국어를 배우고자 결심한다면 아무리 수명이 더 늘어나도 죽을 때까지 무료할 틈은 없을 것이며 할 일이 없는 노년의 불안감으로부터 영원히 해방될 것이다.

차를 부탁했는데 우유가……

수단파 사람들에게는, 외국어를 수단 삼아 하려는 일에 따라 언어를 선택해야 한다는 의미에서 그 선택에 일정한 제한이 있다. 자신이 무엇을 전공하는가, 어떤 일을 하고 있는가를 잘 고려해서 선택하지 않으면 완전히 쓸모없는 짓을 하는 게 된다. 스위스에서 일을 하게 되었을 경우라면 가려는 지방에 따라 선택할 언어를 바꿔야 한다. 이것은 벨기에에서도 캐나다에서도 마찬가지다. 더더욱 중요한 것은 그 나라에서 사용되고 있는 제1외국어가 무엇인지 아는 것이다. 작은 나라에 가서 그 지역 언어를 모를 경우, 해당 국가의 제1외국어라도 알아야 한다. 그것마저 모른다면 할 수 있는 것이 전혀 없기 때문이다.

부다페스트 거리 한 골목에서 갈증이 나서 차를 마실 요량으로 스탠드바에 가서 "티!"라고 말하며 돈을 냈더니 우유가 나왔다. 약간의 문화 충격(컬쳐 쇼크)을 받았다. 대충 짐작해서 말했던 tej는 여기서는 우유를 말하며 나중에 알게 된 것이지만 차는 '테아tea'였기 때문이다.

그보다 더 깜짝 놀랐던 것은 아테네 외무성에 아토스Athos(그리스 정교의 성스러운 산으로 입산에는 특별한 비자가 필요하다)로 가는 허가를 받으러 방문했을 때의 일이다. 문지기에게 무슨 목적으로 어디 부서에 가는지에 대해 설명할 필요가 생겼다. 하지만 서툰 불어로는 도무지 이야기가 통하지 않아 "영어로 말해주세요"라고 말했더니 자기는 4개 국어밖에 못하니 그 네 가지 중 하나를 고르라는 것이었다. 그것이 '현대 그리스어, 불어, 터키어, 아르메니아어'였기 때문에 나는 기어들어가는 목소리로 "불어로 부탁드립니다"라는 말을 불어로 하지 않을 수 없었다.

빈에서는 독일어와……

일의 성격이나 일하는 장소에 따라 언어 선택이 크게 좌우된다는 것은 잘 이해해주셨을 것이다. 철학을 배우는 사람에게 독일어, 미술을 배우는 사람에게 불어, 오페라를 배우는 사람에게 이탈리아어, 토양학이나 삼림학을 배우는 사람에게서 러시아어가 많은 것은 해당 분야에서 각각의 언어로 작성된 문헌들이 많기 때문이다. 또한 중남미에서 일을 하는 사람들은 스페인어(단 브라질에서는 포르투칼어), 아프리카에 가는 사람은 해당 국가 중 유력한 지역의 언어를 모를 경우 구 종주국의 언어라고 해야 할지 그 나라의 제1외국어라도 배우지 않으면 자칫 생각대로 소통이 안 될 경우가 있을 수 있다.

일본의 어떤 신문사가 빈에 주재원을 두게 되어 지역 기자 클럽에서 환영 파티에 초대되었을 때의 일이다. "우리 빈에서 취재 활동을 하시기 위해서는 두 가지 언어 가운데 하나는 하셔야 되는데 안 그러면 참으로 불편하다"라는 말을 들었다. "하나는 독일어"라는 말을 들었을 때 그 다음은 필시 영어일 거라고 생각하고 있었는데 "체코어"라는 말을 듣고 경악했다는 말을 그 신문기자 본인으로부터 직접 들은 적이 있다. 실은 빈에는 체코인이 많다. 구에 따라서는 체코인 쪽이 많은 구가 있으며 체코어로 수업하는 학교도 있다는 사실을 알면 그다지 놀랄 일은 아니지만, 이 신문기자는 전혀 예상하지 못했던 일이기 때문에 깜짝 놀랐던 것이다. 유럽 대륙에서 영어가 통용되는 곳은 부자 관광객을 상대로 하는 일류 호텔이나 안내소뿐이다. 그 이외에는 여전히 독일어나 불어밖에는 통용되지 않는다. 의외로 일본에서는 그다지 알려져 있지 않은 사실이다.

일반적인 언어에서 '특수 언어'로

외국어를 습득할 때 만약 배우려는 외국어를 선택할 수 있을 경우, 다음과 같은 사실을 유념해두지 않으면 안 된다. 영어 다음으로 독일어, 불어, 스페인어, 러시아어 등을 배우는 것은 사전·학습서·강습회·회화 등 모든 점에서 그다지 일반적이지 않은 언어를 배우는 것보다 훨씬 편리하다. 게다가 이러한 언어들이 편리한 까닭은 그 어학 뒤에 자리 잡고 있는 큰 문화가 있어서 그에 접하고 싶다는 요구가 있기 때문이다. 따라서 그 언어를 습득해서 손해를 봤다는 것은 있을 수 없다. 단 그다지 일반적이지 않은 언어를 습득했을 경우 얻을 수 있는 희소가치가 일반적인 언어의 경우에는 없다는 것이 결점이라고 한다면 결점이다. 번역회사에 부탁했을 때 영문을 일본어로 번역할 때와 핀란드어를 일본어로 번역할 때, 체코어를 일본어로 번역할 때가 각각 가격이 다르다는 사실은 그것을 여실히 증명해주고 있다.

영어·독일어·불어·러시아어 등 유력한 언어와 비교해서 소수의 사람들이 사용하고 있는 그 외의 언어를 배우는 것은 사전·교과서·교사 등 모든 면에서 곤란한 점이 산적해 있다. 단 하나의 이점은 희소가치다. 그러나 사실 안타까운 표현이지만 이른바 '특수 언어'를 배우는 것은 고생만 잔뜩 하고 보상받는 바가 적은 경우가 많다.

이러한 이른바 '특수 언어'에도 두 가지 케이스가 있다. 하나는 외국어 습득이 수단이 아니라 목적인, 이른바 목적파 사람 이외에게는 전혀 쓸모가 없는 언어로 카라타어(소비에트 연방을 구성하고 있던 공화국 중 하나인 다게스탄 공화국에 있는 수많은 소수 민족의 언어 중 하나-역자 주), 안다만어(벵골 만 남동부에 있는 안다만Andaman 제도의 원주민 언어-역자 주), 케트어(시베리아 예니세이강 부근에서 쓰이는 소수 언어-역자 주) 등의 언어가 그런 경우다. 나머지 하나는 높은 문화를 가지고 있어서 일본어로 번역해야 할 것도 많지만 여태까지 언어 장벽 때문에 그다지 배우는 사람이 없었던 언어다. 말을 사용하는 사람 수나 그 외 여러 이유를 봐도 이 항목에 속하는 것이 이상한 아라비아어, 그리고 유럽 언어 중에서는 폴란드, 체코, 네덜란드, 헝가리, 스웨덴, 덴마크 등의 여러 언어가 바로 그것이다.

앞에서 철학을 배우기 위해서는 독일어를, 미술은 불어, 오페라는 이탈리아어라고 언급했을 때 그렇다면 프랑스 철학자 베르그송은?, 사르트르는?, 영국의 화가 밀레나 윌리엄 터너는?, 혹은 모차르트나 차이코프스키나 스메타나(체코 민족음악의 창시자-역자 주)는?, 이란 의문을 가진 분이 계셨을 것이다. 철학에 독일어, 미술에 불어, 오페라에 이탈리아어가 절대적이라 해도 이것으로 충분하다는 것은 물론 아니다. 중요한 것은 외국어 학습은 일개 언어에 국한되어 있는 게 아니라는 사실이며 다행히도 몇 개 국어를 공부하든 상관없다는 것이다.

앞으로 몇 개의 언어를 학습하고자 하는 분에 대한 충고는 우선 학습 수단이 잘 갖추어진 유력 언어를 배우고 나서 이른바 '특수 언어'를 시작해야 한다는 사실이다. 어휘를 조사할 때 외국어 사전을 사용할 경우도 고려하여 우선 수단이 될 언어의 실력을 다져 놓는 것이 중요하다. 외국어 학습도 대략 세 번째부터 습득 비결을 터득하게 된다는 점에서 그런 순서가 바람직하다고 권할 만하다.

두 가지 언어보다 세 가지 언어…

외국어를 한 가지만 배우라는 법은 없다. 몇 가지나 배워도 무방하다니 이 얼마나 좋은가. 이 이점을 살려가지 않을 수 없다. 또한 외국어를 습득하면 얻어지는 여러 플러스 요소를 이미 충분히 알고 있는데 그것을 시작하지 않을 도리가 없다. 두 가지 언어보다 세 가지 언어, 세 가지 언어보다 네 가지 언어로 나아감에 따라 그 사람의 시야는 복안적複眼的이 되며 사물의 서로 다른 점들을 거시적으로 파악하게 된다. 그리고 다른 사람이 가지고 있지 않은 정보도 얻을 수 있다. 단 그 언어를 사용할 수 있어야 한다는 것이 그 조건이다.

체코어에는 그것을 나타내는 훌륭한 표현이 있다. Čím více kdo zná jazyků, tím vícekrát je člověkem——언어를 많이 알면 알수록 그만큼 인간은 성장한다.

후기

　'외국어 잘 하는 법'에 대해 한번 써둘까 하고 문득 생각을 했던 것은 벌써 몇 년이나 이전의 일이다. 그때 마침 이 기획을 권해주셨던 분이 이와나미서점 편집부 스즈키 미노루鈴木稔 씨였다. 그러나 당시엔 아직 인생의 전환점에도 미치지 못했고 보통 사람들이 지닌 수치심도 지금보다 훨씬 풍부하게 가지고 있었기 때문에 두 번 세 번의 권유에도 '언젠가는'이라는 한마디로 거절을 하고는 그대로 몇 년이 아무 일 없이 그냥 지나가 버렸다. 그런데 재작년이었나, 수치심이 마비될 감미로운 음료가 있는 환경에서 이와나미 편집부의 우라베 신기浦部信義 씨와 이야기를 나누고 있을 무렵, 나도 모르게 무심코 "슬슬 해야 하는데 말이지요" 따위의 말을 해버렸고, 심지어 우라베씨는 보기 좋게 이와나미 편집부의 사카마키 가쓰미坂巻克巳 씨에게 그 바통 터치를 해버렸다.

　만약 담당자가 우라베 씨였다면 '사실 그때는……'이라고 말을 꺼내기라도 했을 텐데, 그런 일은 전혀 모른다는 표정의 사카마키 씨의 손에 건너가 버렸기 때문에 어찌 해볼 도리가 없었다. 이제 슬슬 죗값을 치러야 할 때라 생각하고 가까스로 무거운 몸을 일으키게 되었다. 그리고 사카마키 씨로부터 한 장을 쓸 때마다 되돌아오는 적절한 지적에 이끌려, 한 장 또 한 장씩 쓰고 있는 사이에 오랜 기간 미루고 있던 숙제를 마침내 끝마치게 되었다. 이른바 선발투수 스즈키에, 원포인트 구원투수 우라베, 롱 구원투수 사카마키의 절묘한 릴레이에 감쪽같이 당했던 것이다. 센스 있는 소제목도 사카마키 씨가 뽑아준 것이다.

생각해보면 나와 외국어와의 접촉에 관해 말하자면 상당히 독특한 길을 걸어왔다. 대학에서 도합 십여 년에 걸쳐 '언어'와 관계된 수업을 맡고 있었고 훌륭하신 선생님들을 뵐 수 있었다. 이 귀중한 경험을 혼자 독차지하는 것은 너무 아쉽다는 심정이 이 책을 쓰게 된 동기가 되었다. 자넨 쓸데없는 일을 저질렀어, 라고 겸허하신 우리 선생님들께서 말씀하실 것이 눈에 선하다. 그래서 선생님들의 성함은 여기서는 밝히지 않고 선생님들에 대한 감사와 사죄를 위해서는 또 다른 자리를 만들 생각이다.

나로서 조심했던 것은 이 책 안에서 가장 멋지다고 생각하는 『외국어 잘 하는 법(이 책의 원제는 「외국어 상달법外国語上達法」이다—편집자 주)』이란 제목(이것도 내가 지은 제목은 아니다)의 '법'이란 글자에 이끌려 윤기 없는 항목들의 나열이 되지 않도록 노력한 것 정도다. 그리고 지금 이 작은 책을 가만히 바라보면 적지 않게 멋쩍은 느낌이 들지만 이것도 "글을 쓴다는 것은 창피를 당하는 일이지"라고 쿨한 목소리로 말씀하시는 S선생님의 가르침을 입증해 보였을 뿐이다.

문득 깨닫고 보면 이러한 테마로 쓰인 책은 몇 권이나 있다. 그러나 내가 쓴 『외국어 잘 하는 법』은 그 어떤 책과도 다르다. 문자 그대로 '나의' 향상법이다. 하지만 책 제목을 『나의 외국어 잘 하는 법』이라고 하지 않았던 것은 이 방법이 많은 사람들에게 적용 가능하리라고 믿었기 때문이었다. 즉 '나의'가 나에게만 통용한다는 의미로 파악될까 싶어서였다.

　마지막으로 이 책의 완성을 위해 S선생님을 비롯한 여러 선생님들과 편집부 분들의 각별한 도움을 받았다. 진심으로 감사 인사를 올리는 바이다.

1985년 11월

지노 에이이치

역자 후기

처음에는 반신반의했다. 외국어를 잘 하는 법이 있을 리 만무하기 때문이다. 오랜 기간 학생들에게 외국어를 가르쳐왔던 입장에서 외국어는 끊임없는 반복과 노력의 결실이다. 때문에 학생들에게도 집중적인 학습을 통해 얼마든지 '후지산에 태극기를 꽂을 수 있노라'고 격려하며 모름지기 '학습량'을 늘리는 길만이 외국어를 정복하는 길이라 굳게 믿어왔다.

인내는 쓰고 그 열매는 달다. 외국어를 정복하기 위해서는 긴 인내의 시간이 필요하다. 하지만 이 책을 번역하면서 돌이켜 생각해보니, 그런 인내의 시간을 지혜롭게 보낼 필요 또한 절실하다고 느껴진다. 우리 삶이 유한하기 때문이다. 한정된 시간 속에서 어떻게 외국어를 효율적으로 배울 것인지, 외국어 학습에 어떤 자세로 임해야 할지, 여러 가지를 깊이 생각하게 만들어준 책이다. 교육자로서 정말 큰 도움을 받았다.

세상에는 정말로 수많은 외국어가 있다는 사실도 새삼 알게 되었다. 익숙했던 외국어 외에도 낯선 외국어를 배워보고 싶다는 열정이 불현듯 생겨났다. 그리고 하염없이 아득하게만 느껴졌던 새로운 문들이 성큼 내 앞에 다가선 듯 느껴진다.

아울러 이와나미 신서의 굴지의 명저들을 열정적으로 한국에

소개하고 있는 에이케이커뮤니케이션즈의 모든 가족 분들께 깊은
감사의 마음을 전한다. 한국 독자의 한정된 시간을 이와나미 신서
가 풍요롭게 채워주길 진심으로 희망한다.

2016년 4월 20일

옮긴이 김수희

일본의 지성을 읽는다

001 이와나미 신서의 역사
가노 마사나오 지음 | 기미정 옮김 | 11,800원

일본 지성의 요람, 이와나미 신서!
1938년 창간되어 오늘날까지 일본 최고의 지식 교양서 시리즈로 사랑 받고 있는 이와나미 신서. 이와나미 신서의 사상·학문적 성과의 발자취를 더듬어본다.

002 논문 잘 쓰는 법
시미즈 이쿠타로 지음 | 김수희 옮김 | 8,900원

이와나미서점의 시대의 명저!
저자의 오랜 집필 경험을 바탕으로 글의 시작과 전개, 마무리까지, 각 단계에서 염두에 두어야 할 필수사항에 대해 효과적이고 실천적인 조언이 담겨 있다.

003 자유와 규율 -영국의 사립학교 생활-
이케다 기요시 지음 | 김수희 옮김 | 8,900원

자유와 규율의 진정한 의미를 고찰!
학생 시절을 퍼블릭 스쿨에서 보낸 저자가 자신의 체험을 바탕으로, 엄격한 규율 속에서 자유의 정신을 훌륭하게 배양하는 영국의 교육에 대해 말한다.

004 외국어 잘 하는 법
지노 에이이치 지음 | 김수희 옮김 | 8,900원

외국어 습득을 위한 확실한 길을 제시!!
사전·학습서를 고르는 법, 발음·어휘·회화를 익히는 법, 문법의 재미 등 학습을 위한 요령을 저자의 체험과 외국어 달인들의 지혜를 바탕으로 이야기한다.

005 일본병 -장기 쇠퇴의 다이내믹스-

가네코 마사루, 고다마 다쓰히코 지음 | 김준 옮김 | 8,900원

일본의 사회·문화·정치적 쇠퇴, 일본병!
장기 불황, 실업자 증가, 연금제도 파탄, 저출산·고령화의 진행, 격차와 빈곤의 가속화 등의 「일본병」에 대해 낱낱이 파헤친다.

006 강상중과 함께 읽는 나쓰메 소세키

강상중 지음 | 김수희 옮김 | 8,900원

나쓰메 소세키의 작품 세계를 통찰!
오랫동안 나쓰메 소세키 작품을 음미해온 강상중의 탁월한 해석을 통해 나쓰메 소세키의 대표작들 면면에 담긴 깊은 속뜻을 알기 쉽게 전해준다.

007 잉카의 세계를 알다

기무라 히데오, 다카노 준 지음 | 남지연 옮김 | 8,900원

위대한 「잉카 제국」의 흔적을 좇다!
잉카 문명의 탄생과 찬란했던 전성기의 역사, 그리고 신비에 싸여 있는 유적 등 잉카의 매력을 풍부한 사진과 함께 소개한다.

008 수학 공부법

도야마 히라쿠 지음 | 박미정 옮김 | 8,900원

수학의 개념을 바로잡는 참신한 교육법!
수학의 토대라 할 수 있는 양·수·집합과 논리·공간 및 도형·변수와 함수에 대해 그 근본 원리를 깨우칠 수 있도록 새로운 관점에서 접근해본다.

009 우주론 입문 -탄생에서 미래로-

사토 가쓰히코 지음 | 김효진 옮김 | 8,900원

물리학과 천체 관측의 파란만장한 역사!
일본 우주론의 일인자가 치열한 우주 이론과 관측의 최전선을 전망하고 우주와 인류의 먼 미래를 고찰하며 인류의 기원과 미래상을 살펴본다.

010 우경화하는 일본 정치
나카노 고이치 지음 | 김수희 옮김 | 8,900원

일본 정치의 현주소를 읽는다!
일본 정치의 우경화가 어떻게 전개되어왔으며, 우경화를 통해 달성하려는 목적은 무엇인가. 일본 우경화의 전모를 낱낱이 밝힌다.

011 악이란 무엇인가
나카지마 요시미치 지음 | 박미정 옮김 | 8,900원

악에 대한 새로운 깨달음!
인간의 근본악을 추구하는 칸트 윤리학을 철저하게 파고든다. 선한 행위 속에 어떻게 악이 녹아들어 있는지 냉철한 철학적 고찰을 해본다.

012 포스트 자본주의 -과학·인간·사회의 미래-
히로이 요시노리 지음 | 박제이 옮김 | 8,900원

포스트 자본주의의 미래상을 고찰!
오늘날「성숙·정체화」라는 새로운 사회상이 부각되고 있다. 자본주의·사회주의·생태학이 교차하는 미래 사회상을 선명하게 그려본다.

013 인간 시황제
쓰루마 가즈유키 지음 | 김경호 옮김 | 8,900원

새롭게 밝혀지는 시황제의 50년 생애!
시황제의 출생과 꿈, 통일 과정, 제국의 종언에 이르기까지 그 일생을 생생하게 살펴본다. 기존의 폭군상이 아닌 한 인간으로서의 시황제를 조명해본다.

014 콤플렉스
가와이 하야오 지음 | 위정훈 옮김 | 8,900원

콤플렉스를 마주하는 방법!
「콤플렉스」는 오늘날 탐험의 가능성으로 가득 찬 미답의 영역, 우리들의 내계, 무의식의 또 다른 이름이다. 융의 심리학을 토대로 인간의 심층을 파헤친다.

015 배움이란 무엇인가
이마이 무쓰미 지음 | 김수회 옮김 | 8,900원

'좋은 배움'을 위한 새로운 지식관!
마음과 뇌 안에서의 지식의 존재 양식 및 습득 방식, 기억이나 사고의
방식에 대한 인지과학의 성과를 바탕으로 배움의 구조를 알아본다.

016 프랑스 혁명 -역사의 변혁을 이룬 극약-
지즈카 다다미 지음 | 남지연 옮김 | 8,900원

프랑스 혁명의 빛과 어둠!
프랑스 혁명은 왜 그토록 막대한 희생을 필요로 하였을까. 시대를 살
아가던 사람들의 고뇌와 처절한 발자취를 더듬어가며 그 역사적 의
미를 고찰한다.

017 철학을 사용하는 법
와시다 기요카즈 지음 | 김진희 옮김 | 8,900원

철학적 사유의 새로운 지평!
숨 막히는 상황의 연속인 오늘날, 우리는 철학을 인생에 어떻게 '사용'
하면 좋을까? '지성의 폐활량'을 기르기 위한 실천적 방법을 제시한다.

018 르포 트럼프 왕국 -어째서 트럼프인가-
가나리 류이치 지음 | 김진희 옮김 | 8,900원

또 하나의 미국을 가다!
뉴욕 등 대도시에서는 알 수 없는 트럼프 인기의 원인을 파헤친다. 애
팔래치아 산맥 너머, 트럼프를 지지하는 사람들의 목소리를 가감 없
이 수록했다.

019 사이토 다카시의 교육력 -어떻게 가르칠 것인가-
사이토 다카시 지음 | 남지연 옮김 | 8,900원

창조적 교육의 원리와 요령!
배움의 장을 향상심 넘치는 분위기로 이끌기 위해 필요한 것은 가르
치는 사람의 교육력이다. 그 교육력 단련을 위한 방법을 제시한다.

020 원전 프로파간다 -안전신화의 불편한 진실-

혼마 류 지음 | 박제이 옮김 | 8,900원

원전 확대를 위한 프로파간다!

언론과 광고대행사 등이 전개해온 원전 프로파간다의 구조와 역사를
파헤치며 높은 경각심을 일깨운다. 원전에 대해서, 어디까지 진실인
가.

021 허블 -우주의 심연을 관측하다-

이에 마사노리 지음 | 김효진 옮김 | 8,900원

허블의 파란만장한 일대기!

아인슈타인을 비롯한 동시대 과학자들과 이루어낸 허블의 영광과 좌
절의 생애를 조명한다! 허블의 연구 성과와 인간적인 면모를 살펴볼
수 있다.

022 한자 -기원과 그 배경-

시라카와 시즈카 지음 | 심경호 옮김 | 9,800원

한자의 기원과 발달 과정!

중국 고대인의 생활이나 문화, 신화 및 문자학적 성과를 바탕으로, 한
자의 성장과 그 의미를 생생하게 들여다본다.

023 지적 생산의 기술

우메사오 다다오 지음 | 김욱 옮김 | 8,900원

지적 생산을 위한 기술을 체계화!

지적인 정보 생산을 위해 저자가 연구자로서 스스로 고안하고 동료
들과 교류하며 터득한 여러 연구 비법의 정수를 체계적으로 소개한다.

024 조세 피난처 -달아나는 세금-

시가 사쿠라 지음 | 김효진 옮김 | 8,900원

조세 피난처를 둘러싼 어둠의 내막!

시민의 눈이 닿지 않는 장소에서 세 부담의 공평성을 해치는 온갖 악
행이 벌어진다. 그 조세 피난처의 실태를 철저하게 고발한다.

025 고사성어를 알면 중국사가 보인다
이나미 리쓰코 지음 | 이동철, 박은희 옮김 | 9,800원

고사성어에 담긴 장대한 중국사!
다양한 고사성어를 소개하며 그 탄생 배경인 중국사의 흐름을 더듬
어본다. 중국사의 명장면 속에서 피어난 고사성어들이 깊은 울림을
전해준다.

026 수면장애와 우울증
시미즈 데쓰오 지음 | 김수희 옮김 | 8,900원

우울증의 신호인 수면장애!
우울증의 조짐이나 증상을 수면장애와 관련지어 밝혀낸다. 우울증을
예방하기 위한 수면 개선이나 숙면법 등을 상세히 소개한다.

027 아이의 사회력
가도와키 아쓰시 지음 | 김수희 옮김 | 8,900원

아이들의 행복한 성장을 위한 교육법!
아이들 사이에서 타인에 대한 관심이 사라져가고 있다. 이에 「사람과
사람이 이어지고, 사회를 만들어나가는 힘」으로 「사회력」을 제시한다.

028 쑨원 -근대화의 기로-
후카마치 히데오 지음 | 박제이 옮김 | 9,800원

독재 지향의 민주주의자 쑨원!
쑨원, 그 남자가 꿈꾸었던 것은 민주인가, 독재인가? 신해혁명으로 중
화민국을 탄생시킨 희대의 트릭스터 쑨원의 못다 이룬 꿈을 알아본다.

029 중국사가 낳은 천재들
이나미 리쓰코 지음 | 이동철, 박은희 옮김 | 8,900원

중국 역사를 빛낸 56인의 천재들!
중국사를 빛낸 걸출한 재능과 독특한 캐릭터의 인물들을 연대순으로
살펴본다. 그들은 어떻게 중국사를 움직였는가?!

030 마르틴 루터 -성서에 생애를 바친 개혁자-
도쿠젠 요시카즈 지음 | 김진희 옮김 | 8,900원

성서의 '말'이 가리키는 진리를 추구하다!
성서의 '말'을 민중이 가슴으로 이해할 수 있도록 평생을 설파하며 종교
개혁을 주도한 루터의 감동적인 여정이 펼쳐진다.

031 고민의 정체
가야마 리카 지음 | 김수희 옮김 | 8,900원

현대인의 고민을 깊게 들여다본다!
우리 인생에 밀접하게 연관된 다양한 요즘 고민들의 실례를 들며, 그
심층을 살펴본다. 고민을 고민으로 만들지 않을 방법에 대한 힌트를 얻
을 수 있을 것이다.

032 나쓰메 소세키 평전
도가와 신스케 지음 | 김수희 옮김 | 9,800원

일본의 대문호 나쓰메 소세키!
나쓰메 소세키의 작품들이 오늘날에도 여전히 사람들의 마음을 매료
시키는 이유는 무엇인가? 이 평전을 통해 나쓰메 소세키의 일생을 깊
이 이해하게 되면서 그 답을 찾을 수 있을 것이다.

033 이슬람문화
이즈쓰 도시히코 지음 | 조영렬 옮김 | 8,900원

이슬람학의 세계적 권위가 들려주는 이야기!
거대한 이슬람 세계 구조를 지탱하는 종교・문화적 밑바탕을 파고들
며, 이슬람 세계의 현실이 어떻게 움직이는지 이해한다.

034 아인슈타인의 생각
사토 후미타카 지음 | 김효진 옮김 | 8,900원

물리학계에 엄청난 파장을 몰고 왔던 인물!
아인슈타인의 일생과 생각을 따라가 보며 그가 개척한 우주의 새로운
지식에 대해 살펴본다.

035 음악의 기초

아쿠타가와 야스시 지음 | 김수희 옮김 | 9,800원

음악을 더욱 깊게 즐길 수 있다!
작곡가인 저자가 풍부한 경험을 바탕으로 음악의 기초에 대해 설명하
는 특별한 음악 입문서이다.

외국어 잘 하는 법

초판 1쇄 인쇄 2016년   5월 20일
초판 2쇄 발행 2019년   1월 25일

저자 : 지노 에이이치
번역 : 김수희

펴낸이 : 이동섭
편집 : 이민규, 서찬웅, 탁승규
디자인 : 조세연, 백승주, 김현승
영업 · 마케팅 : 송정환
e-BOOK : 홍인표, 김영빈, 유재학, 최정수
관리 : 이윤미

㈜에이케이커뮤니케이션즈
등록 1996년 7월 9일(제302-1996-00026호)
주소 : 04002 서울 마포구 동교로 17안길 28, 2층
TEL : 02-702-7963~5 FAX : 02-702-7988
http://www.amusementkorea.co.kr

ISBN 979-11-7024-880-4 04700
ISBN 979-11-7024-600-8 04080

GAIKOKUGO JYOTATSUHO
by Eiichi Chino
©1986, 2002 by Ayako Chino
First published 1986 by Iwanami Shoten, Publishers, Tokyo.
This Korean edition published 2016
by A.K Communications, Inc.,Seoul
by arrangement with the proprietor c/o Iwanami Shoten, Publishers, Tokyo

이 도서의 국립중앙도서관 출판예정도서목록(CIP)은 서지정보유통지원시스템
홈페이지(http://seoji.nl.go.kr)와 국가자료공동목록시스템(http://www.nl.go.kr/kolisnet)에서
이용하실 수 있습니다. (CIP제어번호: CIP2016009766)

*잘못된 책은 구입한 곳에서 무료로 바꿔드립니다.